U0451530

历史社会学文库

孟庆延 著

源流

历史社会学的思想谱系

商务印书馆
The Commercial Press

自　序

这是一本读起来恐怕会令人感到困惑的书，因为它的内容主要是围绕历史社会学这样一个含混不清的语词展开的。不仅如此，尽管从本科到博士，我一直都在社会学这门学科里进行学习和研究，而且我的三篇学位论文也都可以归入历史社会学这一范畴，但是我过往的学术研究工作，大多是基于历史和经验资料而展开的。更为确切地说，在过去的十几年中，我分别从集体记忆、权力技术以及制度源流三重不同的问题意识出发，围绕中国近现代的政治与社会革命这一主题进行自己的研究工作，却较少发表专门的理论讨论。不仅如此，随着历史社会学的发展，一系列困扰着研究者的理论问题开始出现。比如，历史社会学是不是用社会学的理论、视角与方法，去研究历史的分支学科？类似这样的疑问，正是我将近年来一些偏重理论讨论的习作整理出版的最初动力。

2012年的时候，上海大学曾经召开过一个名为"中国社会变迁与社会学前沿——社会学的历史视野"的学术会议。在这次会议上，与会学者围绕社会学研究的历史维度展开了一系列有益的讨论，并达成了一个基本共识，即中国社会学要实现两个追溯：其一是回溯社会学诞生之前的西方学术思想理论体系，去探索社会学以及现代性本身的发生学问题，进而理解现代意义上的西方究竟是如何从它自身的传统社会和古典社会中演化出来的；其二是回溯中国社会学以及中国社会自身历史的传统，通过在社会学研究中纳入历史维度，在具体的历史情境中去理解中国社会在传统与现代遭遇之际的衍生脉络与内在机理，进而理解现代中国的源流问题。尽管在这次会议之前，国内社会学界亦不乏对历史议题的相关讨论，无论是在社会思想史领域围绕中国传统社会的思想体系所做的讨论，抑或以口述史方法和过程-事件分析策略所展开的围绕20世纪上半叶中国基层社会变迁的研究，都为我们在中国语境下理解传统与现代奠定了重要的思想基础。但是，社会学界大规模地介入历史议题，以及历史社会学在中国学术界的兴起，则更多是在这次学术会议之后。不唯如此，历史社会学在最近十年来的兴起，本身也给学术研究者带来了一系列新的困惑：究竟什么样的研究才属于历史社会学？作为一个分支学科和交叉学科的历史社会学，和社会学、历史学是怎样的关系？历史社会学无论是在理论上还是在方法上，究竟有没有独门绝技？类似这样的问题，表面上看属于学科归属问题，但其本质乃是社会学这门学问系统内在蕴含的一系列恒久争论。具体来说，这些恒久争论可以概括为下述一系列张力关系：总体与分支、理论阐释与经验叙事、本土化与全球化。这些内在张力及其所引发的一系列争论一直伴随着社会学本身的发展史，而且贯穿几乎所有的社会学分支领域。

自从2014年博士毕业之后，作为一名社会学研究者，我就被定位在了历史社会学这个新兴的分支领域之中。因此，我经常被问到类似这样的问题：你的研究和历史学研究有什么区别？你关于早期农村调查的研究用了什么理论,有怎样的理论贡献?你的研究跟理解当下的中国社会有什么关系?诸如此类,不一而足。在最开始,我并没有将其作为某种负担,因为对于一个研究者来说,解释此类问题意味着时间成本的急速上升。但是随着此类问题越来越多,我才意识到自己必须直面它们。因为这些问题背后,实际上蕴含着某一类学术研究的正当性问题,同时更意味着学术意义上的社会学是什么和历史社会学是什么的元问题。学术工作的一项重要任务,除了用具体的研究作品阐明观点之外,亦需要对自己观点和作品本身的发生学进行阐释。通俗地说,研究者不仅要讲清楚自己的观点是什么,还必须澄清自己究竟为什么会有这样的观点,进而,为什么会研究一些看上去非常小众,甚至一般看来不属于社会学范畴的研究议题。这些,亦构成了完成这样一本不成熟的小册子的原始动力。

在澄清本书的篇章结构之前,我想先展开讨论一下上面所提到的一系列张力,因为它亦是历史社会学今天所面对的现实问题。

第一,总体与分支的张力。通俗地说,所谓总体与分支的张力,本质上是在讲今天形形色色的分支社会学与社会学之间究竟是何种关系。记得在读到本科二年级的时候,当时对社会学尚处在一知半解状态的我开始接触各种"××社会学"的课程,这令我一度非常困惑,因为我很难理解各种各样的分支社会学和社会学之间究竟有怎样的内在关联。一般来说,我们会将分支社会学理解为用社会学的理论、视角与方法,来分析某一特定专业领域内的制度、现象与问题的分支学科。分支社会学的衍生和细化,既是学术体制内部不断发展的结果,同时也和整个生活世界的专业化相互关联在一起。但是,这样一种发展方式却越来越使社会学失去其作为关于文明的总体学问形态的可能性。比如,如果将韦伯、马克思和涂尔干这些公认的社会学奠基人放置在今天的学术体系中,那么韦伯的《新教伦理与资本主义精神》究竟属于社会学理论的范畴呢,还是宗教社会学研究呢？同样,涂尔干的《自杀论》究竟是社会学理论研究呢,抑或所谓犯罪社会学？至于马克思,则面对这样的问题:放在今天的分类系统中,光是为了确定《资本论》究竟是理解现代社会的理论著作还是经济社会学著作,恐怕就要争论好长一段时间了。之所以会出现这样的问题,那是因为在马克思、韦伯和涂尔干的时代,社会学乃是应对现代性这一人类社会普遍命运而出现的总体性学问,这种总体性蕴含着17世纪总危机之后的思想家们对现代性的整全性思考。无论是韦伯还是涂尔干,无论他们的研究被贴上社会唯实论还是社会唯名论的标签,它们都并非以分支学科的形态出现的。同时,更为重要的是,在社会学这门学问创生之时,对现代性和现代社会的历史追问本身就是社会学的核心问题意识。正因如此,在社会学的范畴内,历史感、经验感和理论洞察力构成了这一学科的稳定三角。简单来说,我们不仅要追问结构与机制,更要追问成因。所谓成因,并非实证意义上的因果机制,更含有历史性的演进逻辑这层意涵。正是在这个意义上,与其说历史社会学是社会学的分支学科,还不如说历史社会学乃是重新激活古典社会学想象力的努力,这也正是本书第一章所要处理的核心问题。

第二,理论与经验的画地为牢。在当下的社会学研究中,还存在着一对恒久的张力,即理论与经验之间的张力,这集中体现在今天的社会学学术体制中,理论、方法与分支形成了三块边界清晰的独立领域,似乎做经验研究的人和做理论研究的人在从事着两种截然不同的行当。相较而言,做经验研究的人有着更为明显的焦虑,因为学术体制要求他们必须从自己的田野经验中找到某种理论,或者为某种理论找到位置。研究者必须在论文中清晰地呈现出自己基于田野经验的研究究竟是发明了某种理论,还是修正了某种理论,抑或和某种理论进行了对话。然而,这真的就是社会学理论的用处和呈现形态吗?这一点在历史社会学中也有着鲜明的体现,即结构-机制分析与过程-事件分析之间的分离。在很多依循二战后美国历史社会学传统的研究者看来,历史社会学的研究就是要通过结构-机制分析来提炼某种历史演进的模型或者新规律,而这个模型和新规律,就被认为是理论的表现形态——它们确实具有内在相似性,因为无论是模型、规律还是理论,普遍性都被认为是内在要求。与之相应,历史社会学中的叙事研究或者围绕事件过程所展开的分析往往被认为是带有研究者较强主观性和随意性的历史研究,并且往往由于缺少足够的理论修辞而被认为不是社会学研究。这一系列分歧的背后,其实体现着不同研究者对理论的理解差异。我们依然用社会学三大家来举例子。韦伯关于古印度教、古犹太教以及中国宗教的研究,是经验研究还是理论研究?如果说这是理论研究,那么韦伯研究中充满着叙事以及对特定担纲者群体精神气质的描摹又该如何理解?如果说这是经验研究,那么又如何理解韦伯在宏观意义上做出关于不同文明的比较历史分析,以及这一分析内含的理论意涵?实际上,对于今天的社会学以及历史社会学来说,理论究竟应该以何种方式呈现,本身就是一个需要讨论的问题。在我看来,理论对于研究者而言,并非学术论文中"开头的那部分",而是一种底色,一种重新发现社会事实,进而提出研究问题的眼光。我们不妨假设一下,两名社会学研究者在同一时间到同一个村庄进行研究,他们很可能会提出截然不同的研究问题。其中,深受涂尔干理论传统影响的研究者,可能会更加关注乡村的社会团结与社会整合问题;而受马克思影响较大的研究者,可能更容易看到乡村内部的冲突问题;如果他受福柯影响很大,那么他眼中的乡村社会,则很可能呈现出权力运作的全部图景。因此,叙事以及过程-事件研究并不意味着没有理论——对影响制度变化的关键事件、关键人物的识别,以及对事件过程的深入阐释,本身就是一名研究者理论素养的呈现。本书的第二章到第五章,便是系统梳理各种历史社会学研究的理论传统,尝试清晰呈现自己经验研究的"眼镜"。特别是本书的第三章,我对陈寅恪的史学研究传统进行了系统梳理,就是为了说明类似陈寅恪这样的历史学家,他的史学研究究竟在何种意义上可以为我们提供理论资源和理论启发。

第三,本土化与全球化的争论。近年来,国内社会学界诸同仁还围绕"社会学究竟是要走本土化路线还是走国际化路线"这个问题展开了争论,进而衍生出"社会学本土化究竟是不是个伪问题"这样的争论。实际上,这一争论在历史社会学内亦有着具体呈现。简单来说,很多人认为历史社会学作为专有名词的出现,来源于二战后美国历史社会学的发展,它以长时段研究和比较历史分析作为自身的身份标识,并和历史研究相区分;而近十年来国内的历史社会学研究领域中,出现了越来越多的新议题,也涌现出了一系列新的问题意识,研究者们开始围绕中国传统社会的思想体系与秩序结构、现代中国的源流问题、传统中国的帝国形态等展开讨论,并且从中国传统学问体系的经学和史学中充分汲取理论与方法资源。这些研究早已经突破了二战后美国狭义的历史社会学的所谓方法范式,而是尝试从中西方学术的经典研究传统中激活中国历史社会学的生命力与解释力。这些研究往往被理解为本土化或者本土派的一种尝试。

实际上,在单纯的学术语境下,本土化与全球化的争论确实是个伪问题,因为这个争论背后蕴含的乃是特殊性与普遍性的争论。美国历史社会学的比较历史分析和长时段研究,所追求的乃是某种放之四海而皆准的解释模型,所以才会有学者强调加大解释的信息量是衡量一个研究好坏的重要标准。然而,对普遍性历史阐释模型的追求,就如同数学中的求取最大公约数一样,是一个无限抽象的过程。就好比去追问为什么两个有着悠久历史的国家会产生不一样的发展模式和政治制度一般,我们可以从其历史进程中找到无数可以比较的点,如阶级、制度、种族、文化等,但是在追求普遍性规律的过程中,那些真正的差别以及会出现这些差别的原因,全都被作为冗余和不可化约项省略掉了。实际上,这种对普遍性解释的追求是社会科学模仿自然科学的结果,但它却并不意味着这是历史社会学的唯一解,因为除了普遍性阐释,一个文明自身的历史传统究竟是如何生成的,在生成的过程中究竟有着怎样的内在逻辑本身,亦是研究者必须关切的问题。由此,笔者才在本书的第六、七章中,专门围绕源流这个问题意识展开讨论,以从问题意识的角度，重新审视中国历史社会学研究的学术与时代使命。

本书各章节的内容，实际上是我过去十余年一系列研究习作的重新整理，它们有的以单独的论文形式发表过，有的则是首次付诸出版。完成这样一本书的目的，并不是为历史社会学做出某种规范性定义，而是尝试尽可能完整地将自己一系列经验研究背后的隐藏文本表达出来，为历史社会学提供更多的可能性。实际上，在规范化的表达、标准化的写作日益编织着学术写作的理性铁笼的境况下，学术研究本身越来越依靠所谓的方法和修辞而不是研究的问题意识，也不是靠其内在的解释力和生命力来奠定自身的正当性。正是在这样的情况下，我们对所谓理论和学科的理解越来越僵化，也越来越单一化和表面化。在我看来，越是面对这样的学术情境，越是需要研究者能够真正跨越固有的诸种界限，进而重新激活诸种经典研究传统的生命力。也正是在这个意义上，多样化的历史社会学才是鲜活而富有想象力的，才是难能可贵的。

笔者将这本并不成熟的习作取名为《源流：历史社会学的思想谱系》。这里所谓的"思想谱系"并非教科书中所规范列举的那些狭义的战后历史社会学范式，而是尝试回到人文社会科学的古典时期，充分挖掘以往被历史社会学忽视的重要研究传统，并结合具体研究，尝试揭示这些研究传统的当代意义。

整本书稿的整理与写作，断断续续持续了近三年的时间，在这里我要特别感谢南京大学社会学院和北京大学人文社会科学研究院。在 2019 年春天和 2020 年秋天，我有幸受邀成为南京大学社会学院郑钢访问学者和北京大学人文社会科学研究院驻访学者。在南大访问的一个月,正是我开始筹划整本书的时刻;而在北大文研院驻访的三个月,则为我完成书稿主体部分提供了安静的氛围和舒适的条件。这些宝贵的经历,是一个学者学术生涯中不可多得的幸运。最后,还要感谢商务印书馆南京分馆的尹振宇编辑,没有他开阔的胸怀和严谨的工作,也不会有这本书的最后成型。

孟庆延
2021 年 12 月

目 录

第一章 古典根源与现代路径
——历史社会学的总体性 ······ 001
一、引子 ······ 001
二、历史社会学的古典根源：历史与社会的总体理论 ··· 004
三、历史社会学的现代路径 ······ 010
四、历史社会学的本土形态 ······ 018
五、作为总体视域与思想资源的历史社会学 ······ 029

第二章 身份群体与精神气质
——韦伯的个人主义与历史社会学 ······ 031
一、个人主义：韦伯社会学的一般性误读 ······ 031
二、韦伯社会学传统的方法论：个体社会行动的意义世界 ······ 033
三、韦伯社会学传统的问题域：比较文明研究与担纲者 ······ 042
四、伦理人格与身份群体：韦伯历史社会学路径的内核 ······ 048

第三章　制度源流与思想风俗
——陈寅恪史学研究的社会学意涵 ………… 051
一、问题缘起:陈寅恪史学研究的当代意涵 ………… 051
二、温故知新:陈寅恪史学研究传统的相关阐释 …… 056
三、陈寅恪史学研究的核心议题:文明的发生学 …… 060
四、思想、宗教与政治:陈寅恪的思想史研究 ……… 066
五、风俗、民情与制度:陈寅恪的风俗史研究 ……… 070
六、区域、文化与社会集团:陈寅恪的制度史研究 … 075
七、文明的总体历史:陈寅恪史学传统的历史社会学意涵 …………………………………………… 082

第四章　身体技术与民族国家
——埃利亚斯历史社会学路径的启示 ………… 093
一、埃利亚斯:一个被遗忘的历史社会学传统 ……… 093
二、《文明的进程》的双重议题:埃利亚斯问题意识中的断裂与统一 ……………………………………… 096
三、身体技术的历史演进:理性人的社会生产 ……… 100
四、专制国家的社会逻辑:稳定君主政权的结构要素 … 105
五、源流研究:关于文明的社会发生学 ……………… 111

第五章　权力技术与生活世界
——福柯的权力观及其学术史影响 …………… 119
一、福柯的历史观:弥散的权力 ……………………… 119

二、人口政治与分类系统：福柯著作的主题同一性 …… 124
　　三、权力技术与身体规训：权力视域下的身体与心灵 … 130
　　四、社会科学研究中的福柯烙印：福柯理论的效果史 … 137

第六章　议题转换与范式变革
　　　　——近现代中国乡村社会结构转型研究的
　　　　　新视野 …………………………………………… 151
　　一、革命研究的多重演化：一个学术史的视野 ………… 151
　　二、延续与转向：制度源流与发生学问题 ……………… 175

第七章　源流研究的理论与方法
　　　　——历史社会学的本土实践 …………………… 181
　　一、历史社会学的理论传统与内在张力 ………………… 181
　　二、源流研究的问题意识：渊源流变与发生学问题 …… 185
　　三、源流研究的方法取向：社科路径与史学方法 ……… 190
　　四、制度源流的历史社会学研究：社会学本土化的
　　　　一种可能 ……………………………………………… 196

参考文献 ………………………………………………………… 199
后记 ……………………………………………………………… 207

第一章 古典根源与现代路径
——历史社会学的总体性

一、引子

近年来，国内的社会学研究出现了历史转向的趋势，与此同时，历史社会学也作为重要的研究领域和分支学科开始兴起，引起了学术界的广泛讨论。我们究竟如何从学理上理解社会学研究的历史转向？又如何从学术史的脉络中去理解历史社会学呢？

所谓社会学研究的历史转向，是指基于社会学视角的历史研究，与历史研究者以实证史学的路径来还原历史事实不同，社会学的历史研究更为关注基于史料的理论关怀与理论建构。[1] 与此相对应的，是历史社会学在国内的兴起。

从纯粹社会学分支学科的角度来看，历史社会学的代表分析范式是美国宏观比较历史分析，其代表人物包括巴林顿·摩尔和

---

[1] 肖瑛：《社会学研究的历史转向》，《中国社会科学报》2014年6月27日，第A8版。

西达·斯考切波等历史社会学家。丹尼斯·史密斯认为,作为社会学分支研究方向的历史社会学在美国的兴起,实际上是二战后社会学家对现代性危机的回应,其核心在于探寻社会自身得以变化与延续的机制,揭示历史演进背后的社会结构要素。[1]

二战之后,历史社会学开始逐渐以社会学的分支学科形态出现在美国学界,并伴随着20世纪60年代中后期美国国内兴起的反战运动、学生运动等社会运动,同时也是二战后美国学术界对帕森斯宏大社会理论与静态结构分析的反思。拉克曼将历史社会学研究的核心议题界定为"资本主义的起源""革命与社会运动""帝国的历史形态与社会基础""国家政权的形成""不平等的社会演进""性别与家庭的社会演进过程"等。[2]

但是,历史社会学究竟是否只是一门分支学科?在中国的历史与社会语境下展开历史社会学研究,是否只有宏观比较历史分析这一传统与范式?应星认为,历史社会学并非一门新兴学问,而是对社会学创生形态的一种重返方式。[3] 渠敬东则强调社会学作为一门同时面对观念与经验、制度与民情、历史与现实的总体性学问,其实质是面对现代社会的诸多时代变迁而产生的总体性学问,从而指出了社会学在发端之际的历史面向。[4]

实际上,无论是斯考切波还是史密斯,都非常注重从社会学

---

[1] 丹尼斯·史密斯:《历史社会学的兴起》,周辉荣等译,上海人民出版社2000年版,第1—4页。
[2] 理查德·拉克曼:《历史社会学概论》,赵莉妍译,商务印书馆2017年版。
[3] 应星:《略述历史社会学在中国的初兴》,《学海》2018年第3期。
[4] 渠敬东:《返回历史视野,重塑社会学的想象力——中国近世变迁及经史研究的新传统》,《社会》2015年第1期。

的古典传统中发掘资源。斯考切波将历史社会学理解为"一种持续的、一度复兴的研究传统。这种传统致力于理解大规模结构和基本变迁过程的实质与影响,回答历史基本问题的旨趣"[1]。史密斯认为历史社会学的发展有着自身的历史阶段,并将其追溯到社会学这门学问诞生的古典时代,其中第一次浪潮就是从孟德斯鸠和休谟,再到托克维尔和马克思,最后到涂尔干和韦伯的历史时期。[2]

社会学自诞生之日起,便是针对时代与人类历史的总体问题而非专门针对"社会"而衍生的学问。对于当前渐渐兴起的国内历史社会学而言,在面对本土丰富的总体性社会事实之时,以何种方法、何种范式,围绕哪些问题展开研究,便是值得我们深入讨论的问题。对这些问题的深入讨论,首先需要厘清历史社会学的古典理论传统,以及这些传统在学术发展与知识传播的过程中分别以何种形式进入有关中国历史与社会的研究中来。在本书中,笔者尝试重新勾勒历史社会学的古典理论根源,通过对社会学经典研究传统的梳理,在学术史与知识社会学的视域内,重新检讨历史社会学的古典理论基础及其流变,以此为基础检讨当前国内历史社会学发展可资借鉴的理论资源与基本范式。

---

[1] 西达·斯考切波编:《历史社会学的视野与方法》,封积文等译,上海人民出版社2017年版,第6—7页。
[2] 丹尼斯·史密斯:《历史社会学的兴起》,周辉荣等译,上海人民出版社2000年版,第2—3页。

二、历史社会学的古典根源：历史与社会的总体理论

(一) 韦伯：身份群体、精神气质与文明起源

时至今日，已经很少有人将马克斯·韦伯看作历史社会学研究的先驱者，而是将其作为社会学理论、经济社会学、宗教社会学等领域内的知识专家。纵观韦伯的学术生涯，尽管其著述繁多、理论深厚庞杂，但是其核心问题意识却有着高度的内在同一性，即以资本主义文明为核心的现代性与其社会基础（尤其是宗教）之间的关联。从《新教伦理与资本主义精神》到《儒教与道教》，再到《古印度教》《古犹太教》等，韦伯似乎一直致力于宗教社会学研究。但是这些研究本质上蕴含着具有古典意义的历史社会学命题，韦伯想要探讨的乃是世界主要宗教与文明类型之间的内在关联。韦伯的核心问题意识在于：为什么资本主义文明首先自西方产生？换言之，为什么其他地区没有产生资本主义文明？

进而，韦伯在其研究中广泛使用理想类型(idea type)这一概念来对包括支配类型等在内的现代政治、经济与文明形态进行分类分析，同时使用身份群体的概念来分析各大文明起源过程中的重要担纲者。需要注意的是，韦伯的身份群体概念并非一种职业区分，也并非后来社会分层研究中的社会地位区分，本质上乃是对某一类型人群的精神气质的强调。苏国勋曾指出：涂尔干论述的是社会在各种不同实在领域中的外部表现（社会事实），即关于发

挥功能的社会的概念;而韦伯则不谈结构,主要探讨社会生活的本质,研究社会的精神气质,通过分析驱使人们行动的动机来把握社会行动的意义。①

韦伯在讨论文明起源的社会条件与伦理基础这一核心问题时,经由对宗教伦理生活形态的讨论,最后深入历史担纲者的精神气质中去理解制度与文明的起源问题——他所勾勒的宗教改革后的清教徒入世禁欲的精神气质,实质上构成了我们理解资本主义文明的一把核心钥匙。而对精神气质的关注,又同韦伯自身对社会行动本身意义的探究有着密切关联。在韦伯看来,理念(idea)与利害(interest)是人类行为的不同面向,但前者实质上起着决定性作用:

> 直接支配人类行为的是物质上与精神上的利益,而不是理念。但是由"理念"所创造出来的"世界图像",常如铁道上的转辙器,决定了轨道的方向。②

同时,韦伯早期有关罗马的研究,实质上是对其老师蒙森《罗马史》研究的继承。因此,韦伯所开创的关于各类型文明起源的社会学研究具有强烈的历史取向:一方面,韦伯开启了有关制度与文明起源的社会学研究这一核心问题意识,构成了日后历史社会学研究的重要议题;另一方面,韦伯开启的理解社会学的脉络及其对

---

① 苏国勋:《理性化及其限制:韦伯思想引论》,上海人民出版社1988年版,第281页。
② 马克斯·韦伯:《比较宗教学导论——世界诸宗教之经济伦理》,载《中国的宗教;宗教与世界》,康乐、简惠美译,广西师范大学出版社2004年版,第477页。

精神气质与担纲者的强调,也对今天开启面向本土的历史社会学研究有着重要的启发意义。

(二) 马克思:社会结构、阶级关系与焦点事件

社会学之所以是应对人类社会时代巨变而产生的学问,是因为社会学古典传统中的重要理论家都在以各自的分析进路来回应现代性这一时代问题。卡尔·马克思从生产关系与生产力的角度阐释机器生产这一技术与制度变革所带来的总体社会影响,并将其作为因变量来解释人类社会不同阶段的历史变迁。尽管马克思关于人类社会发展五阶段论的历史阐释具有一定的意识形态色彩,但是人类社会发展五阶段论本质是对人类社会历史进程在结构(生产关系与生产力)层面给出的社会学解释。单从这点上来看,马克思的核心关怀就带有历史社会学的古典韵味。

雷蒙·阿隆认为马克思受到了三种学术传统的影响,即英国的政治经济学传统、德国的哲学传统以及法国的历史学传统。[1] 除了对人类社会的历史演变做出总体的理论阐释之外,马克思还对历史事件与历史人物有着深入剖析,这也是我们理解马克思历史社会学遗产的重要方面。马克思曾专门撰文对路易·波拿巴发动的雾月政变进行了鞭辟入里的分析。[2] 这篇文章在实质上开创了事件社会学的基本分析脉络。他将结构史与事件史分析集中到焦点事件中,将结构、局势和行动者三个层面的分析维度在对同一

---

[1] 李荣山:《共同体与道德——论马克思道德学说对德国历史主义传统的超越》,《社会学研究》2018 年第 2 期。
[2] 卡尔·马克思:《路易·波拿巴的雾月十八日》,人民出版社 2015 年版。

个事件的分析中展开,从而使得雾月政变呈现出不同层次的结构面向。①

如果我们将马克思对雾月政变的分析放置在更为广阔的学术史背景下考察就会发现,马克思在该文中呈现出的结构—局势—行动者的三重分析逻辑:一方面,与后文笔者将要提到的法国年鉴学派的结构—情势—事件的分析框架有着内在的某种共同性,即都强调在更为宏大、层级结构更为多样的体系下去理解历史事件的发生机制;另一方面,这种分析进路实质上构成了日后休厄尔提出的以事件社会学的分析脉络考察历史与文明演进的研究进路的古典根源——休厄尔提倡以事件社会学的分析范式展开关于历史的社会学研究,强调要考察历史事件是如何被制度与结构形塑的,也要关注行动者本身的策略选择和现实局势是如何引发事件本身的演化的。②

由此,卡尔·马克思不仅以历史唯物主义和人类社会发展五阶段论给出了关于历史的总体社会理论阐释,同时也以其独特的分析策略为我们今天开展历史社会学研究留下了重要的理论资源。

(三) 年鉴学派:结构—情势—事件与中长时段的古典传统

在 18—19 世纪学科分化尚不充分的情况下,无论是历史学还

---

① 应星:《事件社会学脉络下的阶级政治与国家自主性——马克思〈路易·波拿巴的雾月十八日〉新释》,《社会学研究》2017 年第 2 期。
② 小威廉·H. 休厄尔:《历史的逻辑:社会理论与社会转型》,朱联璧、费滢译,上海人民出版社 2012 年版。

是社会学的理论先驱,实质上都是面对时代问题而非学科问题而展开研究的。在法国的史学传统中,吕西安·费弗尔和马克·布洛赫于1929年创立了《经济与社会年鉴》杂志,并以此为基础形成了著名的年鉴学派。第一代年鉴学派的代表著作是布洛赫的《封建社会》,在问题意识上,这部巨著处理的乃是从9世纪中叶到13世纪欧洲封建社会的形成、发展与变迁这一主题,并从社会结构变迁的角度考察了这一变化的社会逻辑;在视角上,布洛赫对以兰克史学为代表的旧史学展开全面批判,提出了新的总体历史理论,主张研究历史的全貌,包括经济、社会、思想、政治、文化、宗教等多个方面;在方法上,反对以叙事政治事件为主的旧史学,主张研究"结构的历史",运用结构定性的系统分析方法。由此,布洛赫对封建制的考察涉及生产生活方式、文化政治体制以及政治行为等诸多层面,以依附关系的发展为主轴,勾勒了9世纪以来欧洲强有力的军事首领和武装追随者(封臣)之间形成的等级制度纽带,并用比较历史的方法探究了封建制度在欧洲社会中呈现的普遍特征与区域特征。[①]

年鉴学派所开创的长时段与比较历史的方法,实质上构成了后来作为分支学科的历史社会学的主要分析范式。但是,以往研究忽略的是,以布洛赫为核心的年鉴学派,在总体理论和问题意识层面主要受到了以涂尔干为代表的法国社会学传统的影响。涂尔干的社会学传统强调对客观社会事实的研究,尤其侧重于探讨社会事实背后的结构与形式要素。无论是对于自杀的类型学研

[①] 马克·布洛赫:《封建社会》,张绪山译,商务印书馆2004年版。

究①,抑或是对现代社会分工形式②以及宗教生活的探讨③,这一古典传统都强调挖掘社会事实的形式与结构要素。实际上,涂尔干有关宗教生活基本形式的研究以及现代社会职业分工的研究,是在古郎治《古典城邦》研究的基础上,进一步在社会学(社会结构)的视域下围绕传统与现代这一现代性的核心议题展开的。

布洛赫在总体取向上继承了这一脉络,因而强调要通过"对一种社会组织结构及把它联为一体的各原则进行剖析并做出解释"④的方式来体现整体史学的观念。同时,布洛赫在自身的研究中还借助涂尔干集体意识的概念,对早期君主神圣能力的形成给出了社会学取向的诠释。⑤

由此,涂尔干所开创的古典社会学传统,既经由马克·布洛赫以及年鉴学派进入历史学研究的脉络中,同时也构成了今天历史社会学研究的重要古典根源之一。⑥

综上所述,历史社会学实质上有着自己的古典传统,从卡尔·

---

① 涂尔干:《自杀论》,冯韵文译,商务印书馆2009年版。
② 涂尔干:《社会分工论》,渠东译,生活·读书·新知三联书店2000年版。
③ 涂尔干:《宗教生活的基本形式》,渠东、汲喆译,商务印书馆2011年版。
④ 马克·布洛赫:《封建社会》,张绪山译,商务印书馆2004年版。
⑤ 马克·布洛赫:《国王神迹:英法王权所谓超自然性研究》,张绪山译,商务印书馆2018年版。
⑥ 实际上,年鉴学派的中长时段研究理念对中国的历史人类学研究有着重要的启发意义。以郑振满、刘志伟、张侃、饶伟新等人为代表的华南学派的历史人类学研究,实质上受到这一传统很深的影响。他们以东南地域社会为核心研究对象,侧重揭示漫长的历史演进过程中社会层面的结构性变化,并以宗族、土客、墟镇、民间宗教等为核心切入点,考察东南地域社会的结构性变迁。具体可参见郑振满:《清代闽西客家的乡族自治传统——〈培田吴氏族谱〉研究》,《学术月刊》2012年第4期;饶伟新:《生态、族群与阶级——赣南土地革命的历史背景分析》,厦门大学哲学系博士学位论文,2002年;刘永华:《墟市、宗族与地方政治——以明代至民国时期闽西四保为中心》,《中国社会科学》2004年第6期。

马克思到马克斯·韦伯再到涂尔干,这些社会学的奠基者以不同的路径切入以现代性为核心的总体问题意识。在学科尚未充分分化的社会学的古典时代,他们在既有的史学与哲学学术发展基础上,围绕新的问题意识与时代问题展开了一系列开创性的研究,一方面开启了西方学术史从古典史学研究到社会学研究的学科转换,另一方面也为我们今天在社会学的视野下处理历史问题提供了可资借鉴的理论资源。

三、历史社会学的现代路径

随着现代化进程伴随着商业贸易以及战争等在世界范围内的展开,二战前后的很多社会学家依然在古典社会理论家所开创的问题传统中展开自己的研究,包括福柯、埃利亚斯等社会理论家,年鉴学派第二代、第三代史学家以及以摩尔、斯考切波为代表的美国历史社会学家在充分挖掘历史社会学古典根源的基础上,围绕民族国家形成、现代社会中的权力技术等一系列问题,展开了各自的研究,并构成了历史社会学的现代路径。

(一) 福柯与埃利亚斯:身体技术与国家形成

二战期间的种族灭绝、大屠杀给人类造成了深深的震撼与创伤。同时,伴随着现代科学技术与工商业日益发展的另一个事实是,人本身越来越成为被统治者,越来越异化。面对这些问题,人们开始反思现代文明。其中,福柯和埃利亚斯分别围绕各自的议题,以身体技术和权力技术为起点,剖析现代社会中的国家形成与治理技术问题。

福柯与埃利亚斯尽管有着各自不尽相同的具体议题,但是他们对现代社会治理体系的剖析,却都是从以身体技术以及权力技术这一范畴作为切入点展开的。

福柯的著作《规训与惩罚》关注的核心议题在于现代刑罚体系是如何采用种种权力技术,来规训、管理和控制人的身体的。他认为,权力技术通过现代社会中冠以理性之名的刑罚与监狱体系对人的身体实行了持续而具有正当性的强制,并以此对现代人做出区分,对那些违反理性原则的人以全景敞视主义的方式进行监督与规训,最终,现代社会中的权力技术驯服了肉体,使之可以被驾驭、使用与改造。[1] 福柯在其另一部著作《疯癫与文明》中,以同样的视角揭示了现代医学体系如何以理性为标准区分疯子与常人。[2] 从总体上看,福柯以其独特的视角揭示了现代社会体系中权力的运作机制,这样一种弥散于日常生活中的权力机制[3]与身体技术实质上构成了现代性的特征,并以理性为其正当性构筑了现代社会的历史基础。

埃利亚斯同样以权力技术为切入视角,讨论了西方社会自中世纪以来个体行为与心理控制机制的文明化进程。在其著作《文明的进程》第1卷中,埃利亚斯用了大量的篇幅,列举了丰富的资

---

[1] 米歇尔·福柯:《规训与惩罚:监狱的诞生》,刘北成、杨远婴译,生活·读书·新知三联书店2003年版。
[2] 米歇尔·福柯:《疯癫与文明:理性时代的疯癫史》,刘北成、杨远婴译,生活·读书·新知三联书店2003年版。
[3] 李猛:《日常生活中的权力技术》,北京大学社会学系硕士学位论文,1996年。

料去分析人的身体行为,例如就餐(其中包括吃肉食、关于刀叉等的使用)、擤鼻涕、吐痰、卧室内的行为(性行为)等,分析了这些行为在较长历史跨度中的细微变化,而整个文明化的进程也就浓缩在这些身体行为的变化之中。[1] 尽管同样关注权力与身体技术规训之间的关系及其历史演进,但是与福柯不同,埃利亚斯同时关注的,还有另外一层问题,即中世纪以来西方封建主义君主专制国家的形成。他将上述从个体文明化到民族国家形成的双重历史进程联系起来,给出对上述看上去毫无关联的历史现象以独到的历史社会学诠释——在这些现象背后,实质上是西方社会伴随着人口增加、技术进步、社会分工细密化、商业贸易的发展所产生的一系列社会变化,即市镇的形成、骑士阶层从自由骑士到宫廷骑士的演化(骑士依附于宫廷)、君主通过越发细密的分工网络对税收与暴力的独占。上述社会层面的变化一方面促进个体行为与心理控制机制的形成,另一方面又构成了封建君主专制国家形成的社会基础。简言之,埃利亚斯对个体与国家形态的文明化进程给出了一个社会发生学意义上的诠释。[2]

概括来说,福柯的权力理论及其通过权力技术剖析现代社会运作特征的分析路径,构成了后来围绕革命的社会过程的历史社会学研究的理论资源;而埃利亚斯一方面受韦伯的社会学传统影响,在分析中尤其关注不同身份群体独特的性情倾向和行为方式,

---

[1] 诺贝特·埃利亚斯:《文明的进程:文明的社会起源和心理起源的研究》,王佩莉、袁志英译,上海译文出版社2009年版。
[2] 诺贝特·埃利亚斯:《文明的进程:文明的社会起源和心理起源的研究》,王佩莉、袁志英译,上海译文出版社2009年版。

另一方面又尤其注重从现象背后抽离社会结构性要素，从而展开关于文明与国家形态的社会发生学研究，也构成了独特的历史社会学路径，为后来诸多历史社会学研究打开了新的思考空间。

(二) 年鉴学派的第三代浪潮：微观史学与叙事转向

二战后，法国年鉴学派进入了第二个阶段，即布罗代尔时期。布罗代尔继承了年鉴学派第一代总体历史的传统，完成了《地中海与菲利普二世时代的地中海世界》《十五至十八世纪的物质文明、经济和资本主义》和《法国史》等皇皇巨著。他在《地中海与菲利普二世时代的地中海世界》一书中，提出了长、中、短的历史时段理论，分别概括不同层次的历史运动，呈现了地中海世界社会变迁的不同维度，并提出了结构—情势—事件的经典分析框架。[1] 布罗代尔的研究深化了年鉴学派第一代学者的研究理路，并确定了年鉴学派的基本研究路径。从主题上看，他进一步告别了过去纯粹政治史的历史叙事，将史学讨论的侧重点进一步扩展到总体史层面，包括气候、环境、经济、社会等方面的总体历史变迁成为其主要议题；从阐释路径上看，布罗代尔尤其注重挖掘历史现象与时代变迁背后的多层次要素，特别是他所提出的以结构—情势—事件为核心的分析框架，进一步成为日后历史社会学研究的重要理论资源。[2]

---

[1] 布罗代尔：《地中海与菲利普二世时代的地中海世界》，唐家龙等译，商务印书馆2013年版。
[2] 需要指出的是，布罗代尔的这一分析框架，实质上又和前文笔者所提到的马克思在《路易·波拿巴的雾月十八日》一文中的分析框架有着内在关联，实际上，这可以看作马克思历史社会学分析传统的一种演化与延伸。

20世纪70年代,年鉴学派的发展进入了第三阶段。以勒华拉杜里、雅克·勒高夫等人为代表的学者开始对年鉴学派前两代学者的研究进行系统反思。在他们看来,无论是布洛赫还是布罗代尔,在提出总体史的历史理论与叙事书写的同时,也削弱了"人"在历史研究中的位置。在这样的情况下,无论是勒华拉杜里还是后来的戴维斯,都努力将"人"重新带回史学研究中。但是,与兰克史学将重点放置在历史大人物和政治精英上面不同,年鉴学派的第三代人尤其强调书写"普通人的历史",也正是在这个意义上,我们才能理解后来历史研究中包括社会史、心态史以及家庭史等诸多新趋势的出现。

勒华拉杜里的巨著《蒙塔尤》一方面继承了年鉴学派的固有传统,从长时段考察了这个法国南部小村庄的"生态";另一方面将着墨点放置在了以皮埃尔·莫里为代表的小人物身上,通过对他的深描,呈现出了丰富的普通人的生活世界与心态情感。《蒙塔尤》运用了历史人类学的方法,告别了宏大历史叙事。与以往的以事件为核心的历史研究不同的是,《蒙塔尤》描写的是一个比利牛斯山区小村庄中芸芸众生的日常生活,而蒙塔尤这个村庄的历史,就是在这样的点点滴滴中呈现出来的。这样看来,如果皮埃尔·莫里的个人生命历程可以成为蒙塔尤村庄的代表的话,那么蒙塔尤这个小村庄毫无疑问也可以在一定程度上体现当时的法国文化。另外,这部作品告别了英雄史观的叙事,里面的主人公实际上都是普通人,也就是历史中的无名者。[①] 勒华拉杜里之后的戴维斯,同

---

① 埃马纽埃尔·勒华拉杜里:《蒙塔尤》,许明龙、马胜利译,商务印书馆2007年版。

样推进了年鉴学派的这一微观史转向,其著作《马丁·盖尔的归来》讲述了16世纪法国乡村中的一个离奇的故事。作者通过对多种史料的分析与整理,并在此基础上进行了一定的历史想象,重述了马丁·盖尔这个不起眼的小人物的生活世界,从一个侧面展现出当时法国农村社会中的夫妻关系、亲属制度以及日常生活的习俗与法律程序之间的复杂关系。更为重要的是,戴维斯将民族志与历史书写结合在一起,开启了以历史人类学为代表的微观史学研究进路。

在这里讨论年鉴学派第三代以来的微观史转向,对于我们认识历史社会学的古典根源与现代路径有下述意义:

其一,这一微观史学转向实质上与福柯的权力理论之间有着内在关联。福柯的权力分析不仅具有国家这一面向,同时亦包含普通人的权力运作问题——他尤其关注"无名者"的生活[1],这一取向实质上奠定了微观史学转向的理论基础。

其二,年鉴学派第三代学者的这一转向,并没有弃绝既往的长时段传统,而是主张将普通人与日常生活放置在更长时段的结构与情势变迁中。换言之,如果说过去年鉴学派更为重视结构—情势—事件这一分析框架中的前两部分的话,那么第三代学者则更为重视后者。

由此,年鉴学派这一重要的史学传统,既影响了后来包括历史学、政治学、社会学在内的诸多学科的发展,同时又对中国研究领域中的微观转向有着潜在的影响,从而构成了我们今天检讨自身

---

[1] 米歇尔·福柯:《无名者的生活》,李猛译,《国外社会学》2001年第4期。

历史社会学发展的重要理论脉络。①

(三) 美国宏观比较历史分析：社会结构与社会过程

宏观比较历史分析在二战后的美国社会学领域开始发展,经由巴林顿·摩尔、西达·斯考切波以及查尔斯·蒂利等学者发扬光大,作为分支学科的历史社会学也就此发展起来。从所处的时代背景上看,以宏观比较历史分析为代表的历史社会学是对帕森斯宏大社会学理论以静态的方式进行社会学分析的反动;从研究的主题上看,宏观比较历史分析最初以民主制度、革命运动爆发的社会基础与社会过程为核心议题;从研究的整体风格上看,与年鉴学派第三代学者的微观史学转向以及叙事的兴起不同,宏观比较历史分析更为侧重通过比较,对历史变迁与社会现象给出理论性阐释,在社会的结构性要素中寻找现象背后的最大公约数。例如,摩尔的著作《专制与民主的起源》分析了三种不同形态国家的不同历史路径(法西斯主义、共产主义与资产阶级民主制),并从中归纳出了农业的商业化程度、贵族与农民的关系以及农业秩序三个核心要素,在对比分析英国、法国、美国、中国、日本和印度六个商业化的农耕社会的基础上,指出上述三个核心要素在国家形态现代化演化过程中的重要作用。②

---

① 在中国研究领域,从问题意识到分析范式乃至具体议题,也经历了一个从宏观政治史到微观社会史的转向。关于这一点,笔者曾专门撰文讨论,在此不再赘述。具体可参见孟庆延:《学术史视野下的中国土地革命问题——议题转换与范式变革》,《社会》2013年第2期。
② 巴林顿·摩尔:《专制与民主的社会起源:现代世界形成过程中的地主和农民》,王茁、顾洁译,上海译文出版社2013年版。

斯考切波则以比较历史分析的方法对法国、中国与俄国的革命过程进行了社会学诠释,其核心问题意识在于究竟是什么引起了法国、俄国和中国的农业官僚制旧政权的垮台以及新政权建立的制度性结果是什么。同时,她提出了社会革命与国家自主性的概念,并以此为基础勾勒出了三个不同类型的国家革命爆发的社会过程与历史结果。①

总体上看,宏观比较历史分析的研究风格偏重直接的理论阐释而非叙事,即将不同的文明形态与历史过程置于同一可以比较的分析框架之下,这一研究传统也由此成为现代历史社会学发展的主流路径。

需要指出的是,美国比较历史分析并非无源之水、无本之木,它同样有其理论根源,这又分为结构分析与比较方法两个脉络。其一,韦伯所做的对世界诸文明类型与宗教体系的分析,实际上构成了比较历史分析的重要源头。韦伯思想在20世纪初经帕森斯传入美国之后产生了巨大影响,但是帕森斯却对韦伯思想进行了去历史化的改造,韦伯对现代性问题的复杂理解也被化约为工具理性色彩更重的现代化问题。② 其二,涂尔干社会学传统和马林诺夫斯基人类学传统的结构-功能主义一直是社会学的重要分析范式,尽管结构-功能主义在20世纪60年代中叶以后的美国社会学界引起了巨大的反思与反叛(美国比较历史分析就是其中之

---

① 西达·斯考切波:《国家与社会革命:对法国、俄国和中国的比较分析》,何俊志、王学东译,上海人民出版社2007年版。
② 应星:《从宏观比较历史分析到微观比较历史分析——拓展中国革命史研究的一点思考》,《江苏社会科学》2018年第3期。

一),但是其对直接理论解释的追求、对普遍规则的诉求却在比较历史分析的传统中保存了下来。由此,美国比较历史分析并不注重历史的细节与枝蔓,而是追求不同文明类型之间的总体比较,并以此抽象归纳一系列共同要素。①

四、历史社会学的本土形态

社会学在清末民初传入中国并生根发芽,自民国以来产生了一大批卓越的社会学家与社会学研究。面对当前国内历史社会学的勃兴状态,我们需要进一步清理本土的历史社会学传统,并面对以中国社会与中国历史为基础的文明具体问题,进一步拓展历史社会学的理论视域。在下文中,笔者将结合目前国内的历史社会学研究状况,讨论自西学东渐以来本土社会学研究的不同传统,以及这些研究传统本身的理论基础与问题意识。

(一) 陈寅恪:被遗忘的历史社会学传统

一般而言,陈寅恪往往被认为是中国最为杰出的历史学家,其学术思想、学术传统与基本研究范式尽管已有很多学者进行研究,但是却很少被社会学界重视。实际上,陈寅恪作为学贯中西的杰出历史学家,其受社会科学,特别是韦伯学术传统的影响极深。因

---

① 蒂利曾著有《大结构、大过程、大比较》一书,这一传统的风格从其书名便可见一斑,具体参见 Charles Tilly, *The Formation of National States in Western Europe*, Princeton: Princeton University Press, 1975。

而，如果从问题意识以及基本范式来看，陈寅恪的中古史研究，实质上是被今天的历史社会学研究者忽略与遗忘的历史社会学传统。

陈寅恪在其制度史研究中明确提出制度源流这一有关文明研究的问题意识：

> 夫隋唐两朝为吾国中古极盛之世，其文物制度流传广播，北逾大漠，南暨交趾，东至日本，西极中亚，而迄鲜通论其渊源流变之专书，则吾国史学之缺憾也。兹综合旧籍所载及新出遗文之有关隋唐两朝制度者，分析其因子，推论其源流。①

在陈寅恪看来，制度的渊源与流变构成了理解一种独特文明类型的核心。陈寅恪对制度源流的关注，实际上与埃利亚斯关于文明演进的社会发生学观点有着内在的相通之处，而所谓"历史因子"，实际上又是不满足于单纯叙事的历史学研究，而要从历史现象背后提取包括"家族""地理""文化"等共同要素重新建构历史书写的基础逻辑。

进一步来看，陈寅恪的中古史研究，无论其问题意识还是基本分析概念，都和韦伯的理论传统有着密切关联。在问题意识上，陈寅恪关注中古史，是因为他试图通过对隋唐政治制度的考察回答下述基本问题：隋唐之际，一方面面对着游牧民族所带来的军事威胁，另一方面在文化上面对着以佛教为代表的外来文化与宗教系统的冲击，在这样的局面下，华夏文明是如何将这些不同的传统纳

---

① 陈寅恪：《隋唐制度渊源略论稿》，生活·读书·新知三联书店2009年版，第3页。

入自身的文明系统中,从而使自身得以发展与延续的? 这样一种问题意识,本质上和韦伯关于文明类型与宗教基础的讨论殊途同归。

在分析概念上,陈寅恪在其研究中大量借鉴社会阶级这一具有社会科学色彩的概念揭示制度背后的复杂社会历史要素。在对隋唐制度的研究中,陈寅恪尤其关注山东豪杰集团与关陇集团,并结合具体的政治情势变化,从社会阶级的角度讨论了科举制兴起与府兵制衰落的内在机理。[1] 实际上,陈寅恪的社会阶级概念,是一个混合了地域、血缘与文化的概念,他通过这一概念,重在呈现韦伯意义上某一身份群体的独特精神气质,并以此为核心呈现制度源流及其发生过程。

无论问题意识还是分析概念,陈寅恪的中古史研究实质上都构成了对自身文明类型何以生成的历史社会学研究,从而构成了我们今天面对自身文明开展历史社会学研究的重要思想资源。

(二) 礼制秩序与社会结构:关于差序格局的历史社会学研究

在中国社会学的发展过程中,费孝通的差序格局作为一个经典概念,从结构功能主义的角度深入剖析了传统社会的基础结构和原则,并成为学术史中关于传统社会研究的重要理论传统。随着历史社会学的新近兴起,越来越多的研究者从不同的角度,借鉴

---

[1] 具体可参见陈寅恪:《论隋末唐初所谓"山东豪杰"》,载《金明馆丛稿初编》,上海古籍出版社 1980 年版,第 217—236 页;陈寅恪:《论唐代之藩将与府兵》,载《金明馆丛稿初编》,上海古籍出版社 1980 年版,第 264—276 页;陈寅恪:《唐代政治史述论稿》,生活·读书·新知三联书店 2009 年版。

新的思想资源,从新的视角围绕差序格局背后的礼制秩序与社会结构问题展开了深入讨论。

周飞舟从中国传统社会的丧服制度角度对差序格局进行了更为深入的拓展。他指出,丧服制度实际上构成了差序格局的历史源头,因为差序格局的核心乃是伦理本位。通过对有关丧服制度的经学文献的梳理与解读,他指出亲亲和尊尊乃是丧服制度的基本原则,这样一种原则相互结合,从家族延续到政治,塑造了传统社会从政治到社会的一系列基本关系。① 不仅如此,周飞舟围绕一本与一体展开论述,指出中国传统社会结构是一体本位而非个体本位,而一体的思想实质上源于一本的社会意识,这构成了我们理解差序格局的理论基础。这一研究敏锐地捕捉到了中国社会理论的基础,同时亦为我们理解中国社会的深层结构与社会意识提供了有益帮助。② 林鹄则对先秦两汉儒家及宋儒宗族理论的核心组成部分——宗法、丧服与庙制——进行了精要的勾勒,并着力挖掘关于宗族的种种制度安排背后复杂而深刻的伦理思想及人性基础,以克服宗族研究中的功能主义和功利主义倾向。③ 安文研从丧服角度讨论了传统社会的基本结构与人伦原则,指出丧服制度中的属从服制是对亲亲之服的延伸,而徒从服制则是对尊尊之服的补充。④ 吴柳财则对《礼记·曲礼》这一经学文献进行了社会人

---

① 周飞舟:《差序格局和伦理本位——从丧服制度看中国社会结构的基本原则》,《社会》2015年第1期。
② 周飞舟:《一本与一体——中国社会理论的基础》,《社会》2021年第4期。
③ 林鹄:《宗法、丧服与庙制——儒家早期经典与宋儒的宗族理论》,《社会》2015年第1期。
④ 安文研:《服制与中国传统社会的人伦原理——从服服制的社会学考察》,《社会学研究》2018年第1期。

类学的解读,揭示了传统社会中礼制结构包含的复杂人伦结构与天人关系。作者认为,礼所体现的情感与意义乃是社会生活之神圣感的源泉,所谓礼仪就是将任何社会带入这种境界的重要过程与机制。①

上述拓展性研究围绕中国传统社会结构这一经典社会学议题进行,并将结构问题扩展至伦理层面展开深入讨论。表面上看,这延续了费孝通借用结构-功能主义这一理论根源的基本范式和议题,但实质上却已经将研究推展到了及心的理念层面。②

(三) 帝国形态与政治治理:关于传统政制与政治的历史社会学研究

在面对中国独特的文明类型与政治秩序这一社会科学核心议题时,目前社会学界诸多历史社会学研究分别依循不同的理论传统,从不同的角度展开了各自的研究。

周雪光以帝国逻辑为基本分析框架,重点探讨了帝国逻辑与官僚人事制度设置之间的关系③,揭示了始于魏晋南北朝的官吏分途机制本身的制度史含义:帝国面对越来越大的治理规模与治

---

① 吴柳财:《日常生活的结构与意义——〈礼记·曲礼〉的社会学研究》,《社会》2018年第1期。
② 实际上,涂尔干的社会学研究可以看作结构主义的重要源头,但是涂尔干的研究同样涉及及心的层面,他对宗教生活的基本形式的研究,核心在于讨论图腾作为社会神圣性的制度基础,而他对现代社会形成的研究,又涉及职业伦理与公民道德这一及心的层面。
③ 传统帝国的官制一直是历史学研究的重点议题,在这方面阎步克进行了大量研究,可参见阎步克:《品位与职位:秦汉魏晋南北朝官阶制度研究》,中华书局2002年版;阎步克:《从爵本位到官本位:秦汉官僚品位结构研究》,生活·读书·新知三联书店2009年版;阎步克:《中国古代官阶制度引论》,北京大学出版社2010年版。

理困境的一种制度安排。这一人事制度实质上重新塑造了国家与社会之间、中央与地方之间的复杂结构性关系。①曹正汉围绕传统中国的集权与分权关系这一经典议题展开讨论,以风险论的理论视域勾勒出中央政府所追求的统治风险最小化的逻辑,以此作为集权与分权这一制度安排的理论解释②,并提出了纵向约束体制这一中国历史上的思想模型来理解中国文明的政治与历史进程③。赵鼎新则尝试运用社会科学理论对周代以来中国上千年的历史演化给出系统性的解释框架,他以国家、战争与历史发展为核心要素,对前现代中西历史演进模式进行了宏观层面的历史比较,并给出了中国从春秋、战国的历史发展中走向大一统局面的历史要素,以此为基础归纳中西历史发展模式差异的原因。④上述研究都有各自的理论诉求与传统:周雪光在其研究中更多借鉴韦伯官僚制的相关概念,讨论官吏分途的历史流变;曹正汉讨论风险论和政府行为的最小风险,背后实质乃是经济学的相关理论;而赵鼎新的研究则明显带有美国比较历史分析的色彩。

除了上述研究之外,亦有学者围绕费孝通的双轨政治概念,对传统社会的政治制度与政治治理展开了研究。渠敬东将双轨政治放置在传统社会封建与郡县的总体框架之下进行理解,从而在利益冲突与权力结构之外的更为总体的政治体系下理解封建与郡县

---

① 参见周雪光:《从"官吏分途"到"层级分流"——帝国逻辑下的中国官僚人事制度》,《社会》2016年第1期;周雪光:《中国国家治理的制度逻辑》,生活·读书·新知三联书店2017年版。
② 曹正汉:《中国的集权与分权——"风险论"与历史证据》,《社会》2017年第3期。
③ 曹正汉:《纵向约束体制——论中国历史上一种思想模型》,《社会》2021年第4期。
④ 赵鼎新:《国家、战争与历史发展:前现代中西模式的比较》,浙江大学出版社2015年版。

之辨。他指出,一方面,传统社会中的封建制通过差等秩序建立了君统与宗统之间的逻辑关联;另一方面,以天命为核心的神圣观确立了君与民之间的普遍法则,从而使民生问题成为传统政治的根本治理基础问题。而郡县制的推行,并不意味着封建制的终结,因为在郡县制的治理结构中已经植入了封建制的精神内核,使行政与教化并存于道。①

在中国本土的社会学传统中,对于帝国体系下的政府行为与政治治理的研究也是一个重要议题。其中,瞿同祖关于清代地方胥吏行为与政治治理过程的研究是该研究议题的代表作品。②周飞舟等人发展了这一研究传统,他们以官箴书这一独特的史料为核心文本,对郡县制之下地方政府的治理体系展开了研究。③付伟则通过对官箴书的分析,剖析了清代地方政府公文系统的理念与实践,尤其讨论了儒家文以明道的基本理念对清代地方政府公文系统的总体要求,以及在公文写作和传递中书吏和幕友所扮演的特殊角色。④王绍琛则以清代州县官莅任他乡所遇到的结构性困境为讨论对象,探讨了清代地方政治秩序的基本特征。⑤

---

① 渠敬东:《中国传统社会的双轨治理体系——封建与郡县之辨》,《社会》2016 年第 2 期。
② 瞿同祖:《清代地方政府》,范忠信等译,法律出版社 2011 年版。
③ 周飞舟:《论社会学研究的历史维度——以政府行为研究为例》,《江海学刊》2016 年第 1 期。
④ 付伟:《文以明道——清代地方政府公文系统的理念与实践》,《社会学研究》2017 年第 6 期。
⑤ 王绍琛:《新官上任——清代地方政治秩序研究》,《社会发展研究》2014 年第 2 期。

(四) 地域民情与士人传统：关于思想与民情的历史社会学研究

在目前的社会学研究中，从学术思想与伦理实践角度对清末民初的知识精英与政治精英的研究构成了一个新兴研究论域。表面上看，这一研究论域似乎更多属于思想史、学术史与社会史的学科范畴，但是，如果我们将历史社会学作为理解时代变迁的总体视域，就会发现，这些研究都在处理中国于 19 世纪末 20 世纪初所发生的近代社会转型与国家建设中的核心议题。

其中，杨清媚通过比较研究民国社会学家吴文藻、费孝通、李安宅对知识社会学的引介过程，突破了既往社区研究的藩篱，将社区研究与知识分子研究联系起来，一方面对燕京学派进行了再检讨，另一方面也将社区研究这一学术史问题放置在更为宏大的现代国家转型背景下加以理解。[①] 侯俊丹则从另一角度检讨了燕京学派的清河调查与清河试验，她将清河调查和清河试验放置在燕京学派的学术传统中进行理解，清晰地呈现出早期学者对 19 世纪末处于转型期的中国现代社会形态的判断和理解。[②] 田耕以民国以来的社会调查运动为考察对象，揭示了这些社会调查所具有的在清末民初重新发现"社会"的历史意涵——它被作为认识种种社会改良和革命的前提，与重新发现 20 世纪前期的"社会团结"紧密

[①] 杨清媚：《"燕京学派"的知识社会学思想及其应用——围绕吴文藻、费孝通、李安宅展开的比较研究》，《社会》2015 年第 4 期。
[②] 侯俊丹：《市场、乡镇与区域：早期燕京学派的现代中国想象——反思清河调查与清河试验(1928—1937)》，《社会学研究》2018 年第 3 期。

联系在一起,并同现代国家转型进程密切联系在一起。①

知识精英与政治精英的思想形态和伦理实践构成了我们理解清末民初近代社会转型和国家建设的重要途径。其中,魏文一将梁漱溟的学术思想放置在近代中国社会所面临的社会结构瓦解和人心困顿的双重危机这一总体背景下进行理解,呈现了当时在承担社会整合和道德教化职能的传统绅士没落的情况下,倾向于变革的知识分子采取的刚健有为的入世态度。② 杭苏红则以许广平为例,讨论了以民国新女性为代表的中国现代个体本身所具有的群体观,以及这样一种"无根之群"的群体观念对现代社会转型与个体形成产生的具体影响。③ 侯俊丹则将研究视域集中在晚清太平天国运动后浙江地区士人所推行的社会重建运动,以温州永嘉学派的保守主义路径为例,具体讨论这些士人重建社会的实践背后的伦理基础及其具体困境。④

(五) 社会机制与制度源流:关于革命的历史社会学研究

有关共产主义革命的研究,一直是中国研究领域以及国内社会学研究的主要议题,也是笔者近十年来所着重从事的研究领域。实际上,以社会科学的理论、方法与视角来理解中国共产主义革命

---

① 田耕:《"社会调查"的内与外——思考早期社会研究的两种思路》,《学海》2017年第5期。
② 魏文一:《"刚"的人生态度与新知识分子——梁漱溟早期论中国文化的路向》,《社会学研究》2016年第4期。
③ 杭苏红:《无根之"群":民国新女性的精神困境——以许广平及其经历的女师大学潮分化为例》,《社会学研究》2015年第6期。
④ 侯俊丹:《民情反思与士人的社会改造行动——晚清温州永嘉学派保守主义的实践及其困境》,《社会》2015年第2期。

的伟大进程,也就是在回应马克思主义中国化的社会过程这一问题意识。

在以共产主义文明为问题意识的研究中,从20世纪90年代开始的社会学研究中的口述史研究传统尤其具有代表性。其以福柯的权力理论为基本底色,通过口述资料的搜集构建历史叙事,以共产主义文明为核心议题,从微观机制与运作逻辑的角度,揭示了宏大革命背后的社会进程与历史效果。这些研究或者侧重对土改历史进程的微观重建①,或者以诉苦这一权力技术为核心,讨论其在国家观念形成以及形塑集体记忆中的实践含义②。

口述史研究传统一方面提出了重要的问题意识,即以共产主义文明为核心的问题传统,另一方面也提供了过程-事件这一重要的分析策略,形成了国内社会学界对革命的历史社会学研究的早期典范。③

随着社会学与历史学的进一步融合与相互刺激,近年来国内社会学界亦有学者借鉴新的理论资源,对革命问题展开全新的历史社会学研究。应星、孟庆延等借鉴传统史学中的历史长编法,并借鉴韦伯、陈寅恪等人的制度源流的问题意识,通过将具体历史担纲者的社会行动放置在更为广阔的结构性背景中,去理解行为的

---

① 李康:《西村十五年:从革命走向革命》,北京大学社会学系博士学位论文,1999年。
② 参见郭于华、孙立平:《诉苦——一种农民国家观念形成的中介机制》,载孙立平:《现代化与社会转型》,北京大学出版社2005年版,第383—407页;郭于华:《作为历史见证的"受苦人"的讲述》,《社会学研究》2008年第1期;方慧容:《"无事件境"与生活世界中的"真实"——西村农民土地改革时期社会生活的记忆》,载中国社会科学院社会学研究所编:《中国社会学》第2卷,上海人民出版社2003年版,第282—371页。
③ 孟庆延:《从"微观机制"到"制度源流"——学术史视野下口述史研究传统的力量、局限与转向》,《学海》2018年第3期。

实质意义,并以此为基础勾勒出制度担纲者的精神气质与思想倾向,同时将宗族、土客、地缘等地域社会的民情状态带入研究中来,努力通过对典型个案的研究,从政治文化的意义上重新理解共产主义文明。① 实际上,应星、孟庆延等人有关革命史研究的努力,并非单纯用所谓的社会学方法来处理历史事实问题,而是将广义上的历史社会学研究传统作为一种理论资源,并以经史传统作为整全性理解共产主义文明的一种研究路径。②

关于革命的历史社会学研究,并非无源之水:一方面,这一研究脉络实际上继承了口述史研究传统中的主题问题意识,即对共产主义文明的历史社会学探讨;另一方面,又在口述史研究所依循的福柯理论基础上,拓展了自身的理论视域,将包括陈寅恪、韦伯以及埃利亚斯在内的理论传统纳入进来,进一步以制度源流这一发生学为问题意识,围绕具体担纲者的精神气质开展了新的研究。

---

① 关于革命的历史社会学研究,具体的代表性作品可参见应星:《苏区地方干部、红色武装与组织形态——东固根据地与延福根据地的对比研究》,《开放时代》2015年第6期;应星:《学校、地缘与中国共产党早期组织网络的形成——以北伐前的江西为例》,《社会学研究》2015年第1期;应星:《1930—1931年主力红军整编的源起、规划与实践》,《近代史研究》2018年第2期;应星、李夏:《中共早期地方领袖、组织形态与乡村社会——以曾天宇及其领导的江西万安暴动为中心》,《社会》2014年第5期;应星、荣思恒:《中共革命及其组织的地理学视角(1921—1945)》,《中共党史研究》2020年第3期;孟庆延:《苏区革命与地方社会——查田运动之发轫新探》,《开放时代》2015年第6期;孟庆延:《"读活的书"与"算死的账"——论共产党土地革命中的"算账派"》,《社会》2016年第4期;孟庆延:《"深耕者"与"鼓动家"——论共产党早期乡村革命中的"农运派"》,《社会》2017年第3期;孟庆延:《理念、策略与实践——毛泽东早期农村调查的历史社会学考察》,《社会学研究》2018年第4期。
② 应星:《"以史解经"与中国共产主义文明研究的整全性路径》,《开放时代》2021年第4期。

五、作为总体视域与思想资源的历史社会学

毫无疑问,历史社会学这一名词出现在学术场域,并在现代专业分化体系下成为诸多分支社会学的一支,乃是20世纪60年代战后美国社会学发展的历史形态。但是,这并不意味着历史社会学的理论传统仅仅限于中层理论的层面。实际上,已有学者指出,从社会学诞生的历史背景看,社会学的出现实质上应对的乃是19世纪以来的时代剧变,它尝试将观念与经验相结合,将现实与历史相结合,将制度与民情相结合,形成对以往学问形态的一次彻底的清算。[1]

也正是在这个意义上,当我们今天尝试在社会学研究中纳入历史维度的时候,历史社会学便不应仅仅作为一门分支学问呈现出来。或者说,当我们面对近百年来中国社会从传统到现代、从制度到民情、从政治到社会、从思想到组织等多个层面转型过程的时候,单纯的面向理论归纳以抽象出某些共同要素的宏观比较历史分析,以及侧重历史细节的纯粹叙事书写,都不足以帮助我们真正认识从传统社会到现代中国这一复杂的历史转换。因而,与其说历史社会学是一个分支学科,不如说是在重新拓展社会学的研究视域,进而拓展我们自身对中国社会加以理解的历史维度。

这样一种作为总体视域的历史社会学,意味着我们要重新回

---

[1] 渠敬东:《返回历史视野,重塑社会学的想象力——中国近世变迁及经史研究的新传统》,《社会》2015年第1期。

到社会学的古典脉络中,从马克思、韦伯、涂尔干、托克维尔、年鉴学派以及陈寅恪、费孝通等一系列古典传统中重新挖掘理论根源。实际上,这些古典根源直至今天也并未消失,而是在时代的变迁中发生了诸多现代转换,并形成了一系列具体的研究传统。实际上,我们只有充分认识当前学科分科体系下不同学术传统的理论根源,才有可能真正重新回到社会学诞生之时的时代使命中去,真正激活社会学的想象力,进而真正将历史社会学作为一种总体眼光纳入面对自身文明的科学研究之中。也正是在这个意义上,笔者才开始尝试重新回到古典研究传统中,在问题意识的层面重新围绕中国革命的源流以及现代中国的起源这一主题,并在韦伯、陈寅恪、埃利亚斯、福柯等前人思想脉络的基础上,尝试以制度源流的研究路径对共产主义文明展开全新的研究。

第二章　身份群体与精神气质
——韦伯的个人主义与历史社会学

一、个人主义：韦伯社会学的一般性误读

涂尔干论述的是社会在各种不同实在领域中的外部表现（社会事实），即关于发挥功能的社会的概念；而韦伯则不谈结构，主要探讨社会生活的本质，研究社会的精神气质，通过分析驱使人们行动的"动机"来把握社会行动的"意义"。①

一般来说，在社会学的理论传统之中，存在着社会唯名论与社会唯实论两条脉络，这两条脉络的主要代表人物分别是马克斯·韦伯与埃米尔·涂尔干。简单地说，涂尔干认为社会学研究的对象是一种社会事实，而这种社会事实是由存在于个人之外，但又具有使个人不能不服从的强制力的行为方式、思维方式和感觉方式构成的。② 因而，涂尔干的社会学传统又被冠以社会整体论或者

---

① 苏国勋：《理性化及其限制：韦伯思想引论》，上海人民出版社1988年版，第281页。
② 涂尔干：《社会学方法的准则》，狄玉明译，商务印书馆2003年版，第25页。

社会形态学之名。① 与之相对应，如上引文中苏国勋所提到的，韦伯的社会学研究将关注的焦点置于人的行动的意义这样一个个体化的层面。这也可以看作唯名论与唯实论的根本不同之处。由此，韦伯的方法论被认为是一种方法论个人主义。

本迪克斯指出韦伯的方法论个人主义可以反映在韦伯创造的定义中，这些定义强调，如果要理解社会上的个人行为，必须重视意义，而个人的意义显然是可以通过理解而把握的。② 史蒂文·卢克斯也认定韦伯"倾向于支持这种方法论个人主义"③。然而，与之不同的是，根瑟·罗思则在其为本迪克斯所撰的《马克斯·韦伯思想肖像》一书的新版导言中指出："韦伯从未在政治或学术上创造某种'主义'，也未创造某些人所说的政治决定论或个人主义方法论。"④

韦伯究竟是不是一个方法论上的个人主义者呢？在本书中，笔者之所以要围绕理论问题展开讨论，是因为这关系到我们究竟在何种意义上去理解韦伯的社会学传统中对不同文明所展开的比较历史研究，同时亦关系到我们对身份群体、精神气质以及理想类型等韦伯社会学关键概念的理解。

---

① 毕向阳：《社会形态学——人文生态学的知识谱系与"社会学中国化"的路径选择》，《社会》2021年第5期，第80—116页。
② 莱因哈特·本迪克斯：《马克斯·韦伯思想肖像》，刘北成译，上海人民出版社2007年版。
③ 史蒂文·卢克斯：《个人主义》，闫克文译，江苏人民出版社2001年版。
④ 根瑟·罗思：《〈马克斯·韦伯思想肖像〉新版导言》，载莱因哈特·本迪克斯：《马克斯·韦伯思想肖像》，刘北成译，上海人民出版社2007年版。

二、韦伯社会学传统的方法论：
个体社会行动的意义世界

事实上，尽管韦伯的个人主义方法论似乎已经是一个认定的事实，但无论是本迪克斯的《马克斯·韦伯思想肖像》一书，或是苏国勋的《理性化及其限制》这部著作，抑或是各种各样不论经典与否的社会学教科书，在谈及此问题时，更多是从韦伯的学术背景及其成长经历这两个角度入手的。

他们都强调韦伯受19世纪新康德主义学术传统影响，特别是同时受到了尼采的浪漫主义与德国古典哲学的思想体系诸多影响。正如苏国勋所言："韦伯的世界观是由自然主义、自由主义、主观主义三者相互矛盾复杂的交织成的综合体，他的社会学方法论表明受到了英法实证主义、德国浪漫主义和德国古典哲学这三种思想体系的影响：从实证主义中汲取了客观性、'价值中立性'，从出发点上拒斥任何脱离经验的、抽象的观点；从浪漫主义中学到了敏锐关注个体性、意志自由的原则；从形而上学中借鉴了它的历史性。"①以上这些讨论，多是从思想渊源的角度而非从韦伯在《社会学的基本概念》一书中所提出的具体的理解社会学的概念体系入手进行探讨，而这一理路造成的问题就是，这些讨论依然没能说明韦伯的方法论个人主义究竟是如何贯穿其讨论始终，又是如何通

---

① 苏国勋：《理性化及其限制：韦伯思想引论》，上海人民出版社1988年版，第51页。

过个人,完成对经济团体、宗教与近代资本主义、支配、正当性秩序以及身份团体和阶级的种种讨论的。因为我们看到的都是韦伯的类型化行动以及发生学的解释,似乎很少看到个人的痕迹。由此,笔者将回到韦伯所使用的社会学的基本概念工具之中去寻找答案。

(一) 理解"意义":韦伯社会学传统的一般旨趣

> 我要是个社会学家的话……那么驱除仍然游荡在我们中间的这种集体概念的幽灵,乃是我的主要使命。换句话说,社会学本身只能产生于一个或更多的独立个人的行动,因此,必须严格采用个人主义的方法。①

在韦伯的社会学研究传统中,理解社会行动的意义是社会学研究的旨趣。因此,与涂尔干注重从社会事实与社会结构这一实在范畴阐发诸种社会现象的成因不同,韦伯侧重于探究人类行为的意义系统。他接受了李凯尔特所划分的自然科学和文化科学之间的界限,并指出"社会科学的对象是文化事件"②,其任务在于探寻文化事件的基本要素——价值和意义。而在《社会学的基本概念》一书中,韦伯谈及了自己所定义的理解社会学的方法论基础。在这里,他区分了具有主观意义的行动和反射性行为之间的区分——尽管这一界限非常模糊。然而韦伯还是指出,所谓的理解,

---

① 摘自韦伯临终前的一封短信。转引自史蒂文·卢克斯:《个人主义》,阎克文译,江苏人民出版社 2001 年版。
② 马克斯·韦伯:《社会科学方法论》,韩水法译,中央编译出版社 1999 年版。

是关系到行动者对行动或作为手段或作为目的的选择，而且也常牵涉到行动的指向，只有在这样的范畴中，才谈得上对这种对象的理解。[1]

进而，韦伯区分了两种理解的类型：一种是直接观察的理解；另一种则是解释性理解，即理解行动者为何在特定的时候以及特定情境下发生这些行动以把握其意义脉络。由此，韦伯将社会学界定为一门科学，这门科学的意图在于对社会行动进行解释性理解，并从而对社会行动的过程及结果予以因果性解释。[2] 由此，如果从探寻意义的角度上来说，韦伯显然不属于始自抽象的原子论个人主义，而是属于哈耶克所言的真个人主义——因为韦伯既然强调对于意义的探寻和理解，同时更为重要的在于这个行动的意义是指向他人进而编织成了意义脉络，那么其已经很自然地与抽象的个人主义划清了界限。也就是邓正来所说的，哈耶克的真个人主义的核心要点在于个人行动及其客体在本体论上或经验上并不优先于社会，其与抽象的原子论伪个人主义的区别在于我们所要探求的乃是行动的意义。[3]

如果理解社会行动的意义构成了韦伯社会学的重要旨趣，而所谓社会行动又是由一个个具体而鲜活的历史个体所共同完成的，那么一个新的难以理解的悖论出现了：为什么在韦伯的社会学

---

[1] 马克斯·韦伯：《社会学的基本概念》，顾忠华译，广西师范大学出版社2005年版，第8页。

[2] 马克斯·韦伯：《社会学的基本概念》，顾忠华译，广西师范大学出版社2005年版，第3页。

[3] 邓正来：《哈耶克方法论个人主义的研究——〈个人主义与经济秩序〉代译序》，载冯·哈耶克：《个人主义与经济秩序》，邓正来译，生活·读书·新知三联书店2003年版。

研究中,很少出现对某个特定个体的深入分析呢?相反,韦伯在自己的诸多研究中,非但很少涉及具体的历史个体,反而呈现出一个又一个文明系统中的群像,并以理想类型的方式归纳出一系列身份群体。那么,这种群体与个体之间,究竟是何种关系?如何理解群体在韦伯个人主义方法论中的位置呢?我们还是要进一步理解韦伯社会学的基本概念。

(二) 比较"类型":韦伯社会学传统的普遍路径

> 所谓"行动",意指行动个体对其行为赋予主观的意义——不论外显或内隐,不作为或容忍默认。"社会的"行动则指行动者的主观意义关涉到他人的行为,而且指向其过程的这种行动。①

从上面这段引文中韦伯关于社会行动的定义,我们可以清晰地看到,社会行动这一概念的内在含义一方面是包含了行动者所赋予的主观意义这样一个面向,而另外一个方面行动之所以能够被称为社会行动,还在于行动者的主观意义须关涉他人的行为,并且指向其具体过程。由这样的社会行动的概念界定所引出的,首先并不是类型化的划分,而是社会关系这一概念。由于社会行动的主观意义指向是面对乃至关涉他人的行动,那么每个个体的行动者的社会行动过程便构成了社会关系。韦伯指出,所谓社会关系,依它的意义而言,乃是由多数行动者互相考虑对方,因此指向

---

① 马克斯·韦伯:《社会学的基本概念》,顾忠华译,广西师范大学出版社 2005 年版,第 3 页。

彼此联系的行为。由此,社会关系基本上完全建立在人们可以就一种(有意义的)特定方式从事社会行动的机会上。① 事实上,韦伯的很多其他概念都是从社会行动以及社会关系的概念内涵中引发出来的。例如,韦伯在谈及正当性秩序的时候指出,只有当一种社会关系的内容是指向可决定的准则才能被称为一种秩序。② 又如,韦伯在提及共同体关系时指出,共同体关系是指社会行动的指向——不论是在个例、平均或纯粹类型中——建立在参与者主观感受到的互相隶属性上,不论是情感性的或是传统性的。③

这种以社会行动作为基点,从社会行动到社会关系进而形成了种种社会现象的论说理路,同样出现在韦伯的其他分支社会学论述中。例如,在韦伯的经济社会学讨论范畴内,将效用定义为一个或多个经济行动者视之为可获致当前或未来处分权的具体机会。④ 由此,我们可以看到,这个概念依然是从被赋予了意义的个体的行动出发的。同样,在韦伯关于支配的讨论中,他将支配定义为一群人会服从某些特定的(或所有的)命令的可能性。基于这样的定义,我们会发现:由最单纯的习惯性服从,到最纯粹的利益计算,每一种真正的支配形式都包含着起码的自愿服从之成分。⑤

---

① 马克斯·韦伯:《社会学的基本概念》,顾忠华译,广西师范大学出版社2005年版,第35页。
② 马克斯·韦伯:《社会学的基本概念》,顾忠华译,广西师范大学出版社2005年版,第42页。
③ 马克斯·韦伯:《社会学的基本概念》,顾忠华译,广西师范大学出版社2005年版,第42页。
④ 马克斯·韦伯:《经济行动与社会团体》,康乐、简惠美译,广西师范大学出版社2004年版,第10页。
⑤ 马克斯·韦伯:《经济与历史;支配的类型》,康乐等译,广西师范大学出版社2004年版,第298页。

因此,韦伯在讨论支配的时候,其出发点依然在于支配者与被支配者个人之间产生"命令—服从"这一现象以及双方具体行动的原因。因此,韦伯所谓的个人主义方法论,更像是一种发生学的个人主义——从主观意义的社会行动到社会关系再到具体的社会现象——其出发点端在于个人行动这一起点上。

除了发生学意义上的个人行动及其所赋予的社会意义之外,在韦伯关于比较文明的历史社会学讨论中,个体并非独立存在的,而是通过独特的类型学分析以群体及其精神气质的形态呈现出来的。韦伯将社会行动分为四种类型,同时也区分了三种具体的支配类型;同时,韦伯关于阶级和身份群体的分类以及其他的各种分类也是名目繁多,而且分类之细甚至让人感觉无所适从。在这种类型化之后,我们看到的似乎更多的是一群人的行动,而非个人行动。实际上,如果我们从韦伯的社会学基本概念出发,就不难理解这些对于具体社会现象的类型化。

既然个人的社会行动具有指向他人的主观意义关涉这一面向,那么人们在形成社会关系的社会行动过程中,某些个人往往会基于相同或者相类似的主观意义取向,做出同一种类型的行动。由此,形成了韦伯所说的目的理性式的行动、价值理性式的行动、情感式的行动以及传统式的行动。[1] 如何理解韦伯这样一种类型学的概念系统和研究进路呢?我们以目的理性式的行动类型做一说明:只要行动者的行为是从目的理性出发,而且抱有同样的期待,并且众多行动者都有同样的取向,那就是自我利益所决定的。

---

[1] 马克斯·韦伯:《社会学的基本概念》,顾忠华译,广西师范大学出版社2005年版,第31—32页。

由此,个人行动所承载的意义往往是个人对于利害状况的考虑,而正是在这样的情境下,人们形成了或者冲突或者竞争又或者选择的关系。在更为经验性的研究中,韦伯同样贯彻着此种分析路数。

韦伯在对证券交易所的调查中发现,商人往往与和自己相似的人合伙,由某种共同的见解联系在一起,即便在市场上彼此竞争,但在业务处理上相互信任。因此,韦伯逐渐对作为一个地位团体的成员而非孤立个人的商人观念产生了兴趣。[①] 由此,我们可以看到,韦伯从个人行动的主观意义的考察出发,发现主观意义之间在意义脉络上的关联性,进而产生了对类型化的社会行动考察。

实际上,韦伯的类型学不仅用于对不同类型的社会行动的分析之中,他因循同样的方式展开了对不同身份群体的讨论。在韦伯这里,所谓身份,意味着一种根据正量特权或负量特权得到社会评价的有效要求,它的典型基础包括生活方式、正规教育乃至集成的或者职业的声望。于韦伯而言,身份群体并非卡尔·马克思那里依据在生产关系结构中的特定位置及由此而产生的共同阶级意识而生成的阶级概念,而是融合了职业声望、教育程度以及生活方式等多种要素的复合型概念。同时,需要指出的是,身份群体概念一方面是具有同类生活方式与性情倾向的个体集合,另一方面这些共同的性情倾向乃是建立于各自社会行动的意义基础之上的。

(三) 历史个体:浪漫主义与理想类型

韦伯的理解社会学探讨的都是类型化了的群体行为,尽管上

[①] 莱因哈特·本迪克斯:《马克斯·韦伯思想肖像》,刘北成译,上海人民出版社 2007 年版,第 34 页。

文中已经加以说明，但是在这部分中，笔者还要回到德国文化情境意义下的个人主义以及韦伯的理想类型这一重要概念工具中来再次审视这一问题。

其一，在德国，李斯特接受了法国的个人主义的含义。不过，这一术语在德国还有另外一种完全不同的用法，即浪漫主义的个性概念，并由此发展出一种新个人主义，即差别性个人主义。"个性"的概念在德国沿着不同的路线发展：一方面追求特立独行，并导致最纯粹的自我主义和社会虚无主义；另一方面则是成为有机的、民族主义的共同体理论，即个性也属于超人的力量，尤其属于民族或国家。

与之相应的，韦伯认为文化科学也应该关注历史个体。在这里，历史个体的观念又与这样一种浪漫主义的个性概念有着某种联系——因为无论是加尔文教或者是印度教，无论是资产阶级或是西方特有的市民阶级，实际上都属于历史个体这样的范畴。在这时，个性所代表的就不是某一个具体个人的概念，在韦伯那里作为身份群体的一个成员，个人是社会组织的产物。因此，个人的行动与思想，可以作为那个社会组织的属性来研究。

其二，历史个体这样的观念同理想类型有着密切的联系。理想类型又称纯粹类型，既是韦伯认识社会的方法，也是韦伯概念工具的统称。这一概念最初出现在韦伯1904年发表的《社会科学和社会政策的"客观性"》一文中。在韦伯那里，理想类型是研究者思维上的一种主观构建，但是这种构建并非来自纯粹的抽象思维，而是来自现实社会，但又不等同于现实社会；理想类型在一定程度上是抽象的，但它并没有概括也并不试图概括现实社会事物的所有特征，它仅仅是作为衡量现实的一个标准，表示现实与研究概念之间的差距，并提示研究者对此差距做出相应的解释。

其三，理想类型是韦伯为了克服德国人文主义和历史学派过度个体化和特殊化倾向而提出的一种概念工具。上文已经说明，韦伯赞同将一个或多个行动者的具体社会行动的意义和过程界定为社会学的研究对象，但同时又认识到科学不能仅仅停留在对个别现象的描述上，作为探求意义而存在的社会学也应该选择某种概念工具，从而试图发现意义的规律。但是这就面临着一个困境：如果被选择的概念抽象性过高，它就不能抓住具体的现象特征；而如果向德国历史主义学派那样，把现象孤立化、特殊化乃至原子化，又无法将一现象同其他相关现象进行有效的比较。

正是基于此，韦伯提出了理想类型的概念。理想类型包括三大类：一个是具体历史事件的理想类型，一个是对社会现实的抽象因素所成的理想类型，另一个则是某种特定社会行动的理性化重构。其中，第一个理想类型以新教伦理的入世禁欲主义和理性资本主义的亲和性关系的构建为典型，在这里，我们会发现，其中实际上蕴含着历史个体的个人主义方法论——如苏国勋所言，资本主义是特定时空下的历史个体概念，而禁欲主义则是无时空限制的普遍概念。资本主义可看作个人社会行动的一种方式，而新教伦理的入世禁欲主义则可以被视为资本主义所代表的行为方式的规则与限制，由此一来，理想类型在理解的社会学中所起的作用，也必须放在个人可能的社会行动中去审视。①

---

① 苏国勋：《理性化及其限制：韦伯思想引论》，上海人民出版社1988年版，第287页。

由此，我们可以看到，韦伯的方法论个人主义乃是一种不同于抽象的个人主义，它通过对人类行动主观意义的理解、探寻，希望能够对整体——无论是组织、团体抑或是类型化的行动有所洞见，而这所有的讨论，几乎都是在由社会行动所形成的社会关系的框架内达成的。

三、韦伯社会学传统的问题域：
比较文明研究与担纲者

通过对韦伯社会学研究中的个人主义这一方法论层面的问题所展开的讨论，我们可以看到，在韦伯的社会学研究传统中，所谓的历史个体并非今天叙事研究或者案例研究中的个案，也并非某一个具体的个人，而是一种建立在类型学基础上的、围绕社会行动的意义之网所展开的研究进路。然而，前文中的这些讨论总体上更多停留在方法层面，对于今天中国的历史社会学而言，韦伯传统更为重要的意义则在于其问题意识给我们带来的启发。

韦伯一生著述繁多，同时又涉及诸多不同的分支领域，而资本主义精神与宗教改革后的新教伦理之间的选择性亲和关系又成了韦伯的某种标签。但是实际上，韦伯社会学的核心旨趣并不在那些纷繁复杂的概念中，而在于他尝试通过对不同行动者的意义阐释与精神气质的分析，在比较意义上理解世界图像，正如他在下面这段话中所表述的：

直接支配人类行为的是物质上与精神上的利益,而不是理念。但是由"理念"所创造出来的"世界图像",常如铁道上的转辙器,决定了轨道的方向。①

单从上面这段话来看,似乎韦伯的社会学研究并不难以理解,即在群体的层面探讨社会行动的意义,而理念与利害又是意义的两重重要维度。然而,有些问题却是难以理解的:世界图像这一概念的具体意涵是什么?韦伯究竟又是如何在自己的研究中来处理这一问题的?

若要对以上问题加以整全性的回答,我们就必须回到韦伯研究传统的问题意识之中。纵观韦伯的社会学研究,几乎涉及今天社会学的所有主要分支领域。韦伯关于新教伦理与资本主义精神之间关系的研究,对中国的宗教特别是儒教与道教的讨论以及他对古印度教、古犹太教的研究,都被认为是宗教社会学的范畴;而韦伯对支配类型的讨论,对支配社会学的分析,特别是对包括官僚家产制、卡里斯马型支配的讨论,更被认为是政治社会学研究的重点议题;更不用说他的《经济与社会》《民族国家与经济政策》乃是经济社会学领域的经典研究。那么,韦伯这些著述,其内在究竟有没有主题同一性呢?施路赫特认为,韦伯在宗教社会学上的研究归根结底是想了解西方近代文化的独特之处,并且试图回答为什么只有在西方产生了一些文化现象,进一步试图回答现代社会中

---

① 马克斯·韦伯:《中国的宗教;宗教与世界》,康乐、简惠美译,广西师范大学出版社2004年版,第477页。

什么是"适当的伦理生活'格式'"的问题。① 李猛则在《除魔的世界与禁欲者的守护神》一文中重新探讨了韦伯的问题域,他认为对丁韦伯著作以及关注问题的解读,应该在腾布鲁克的基本思路、洛维特—亨尼斯的解释传统与施路赫特的文本重建基础上,考察韦伯留给现代社会的,无论在思想和实践中都始终难以逃避的问题——理性化和自由。② 理性化与自由固然是韦伯问题传统的核心,但笔者认为,对于历史社会学而言,更为重要的问题,在于他究竟是以何种方式来呈现理性化与自由这一主题的。

我们首先需要讨论的,是韦伯对理性化与自由问题的讨论。换一种说法,理性化与自由问题本质上是在普遍秩序与个性之间所产生的某种结构性张力。韦伯曾经这样写道:

> 今天这些条件正以不可抗拒的力量决定着降生于这一机制之中的每一个人的生活,而且不仅仅是那些直接参与经济获利的人的生活。也许这种决定性作用会一直持续到人类烧光最后一吨煤的时刻。巴克斯特认为,对圣徒来说,身外之物只应是"披在他们肩上的一件随时可甩掉的轻飘飘的斗篷",然而命运却注定这斗篷将变成一只"铁的牢笼"。③

贯穿韦伯社会学讨论的,乃是一种深深的紧张——各种价值

---

① 施路赫特:《理性化与官僚化》,顾忠华译,广西师范大学出版社 2004 年版。
② 李猛:《除魔的世界与禁欲者的守护神——韦伯社会理论中的"英国法"问题》,载《马克斯·韦伯:法律与价值》,上海人民出版社 2001 年版。
③ 马克斯·韦伯:《新教伦理与资本主义精神》,于晓、陈维钢等译,生活·读书·新知三联书店 1987 年版,第 142 页。

域之间的张力，价值理性与目的理性之间的张力，形式理性与实质理性之间的张力，乃至理性秩序与个性自由之间的张力。韦伯在《资本主义精神与理性化》这篇宗教社会学的总序言中，描述了西方社会中各个文化领域的理性化。他指出，只有西方才产生了这些理性主义的形式，并指出近代西方资本主义正是这一理性特征的最好代表，进而提出了是什么促使这种理性主义以及西方近代资本主义产生的问题。

实际上，面对作为普遍历史而存在的理性化趋势，有着不同宗教观念与价值取向的宗教会有着不尽相同的历史轨迹，而基督新教则采用了一种入世禁欲主义的宗教伦理来巧妙化解这样一种个体的紧张感。在这里，信徒首先不再借助教会的中介力量实现与上帝的沟通，而预选说和命定说则使得人们只能够通过自己在世俗生活中、在职业上的努力，通过为上帝争取荣耀，而确定自己的选民身份。在韦伯看来：一方面，这样一种基督新教伦理解放了人类，因为人们获得了和上帝直接沟通的自由；而另一方面，这样一种基督新教伦理则使人们更加投入世俗生活中，从而开始了世界的祛魅这样一种历史。如果说韦伯通过对作为担纲者而存在的清教徒的分析，揭示了资本主义精神这样一种团体性的精神气质与改革后的新教伦理之间的关系的话，那么他在对西方理性化的历史进程的分析中，不仅看到了这一趋势的文明根源，同时还预言了理性的铁笼这一事实。这一铁笼的出现，实质上意味着资本主义精神这一意义的消弭。韦伯写道：

今天，宗教禁欲主义的精神虽已逃出这铁笼（有谁知道这是不是最终的结局?),但是,大获全胜的资本主义,依赖于机器的基础,已不再需要这种精神的支持了。①

同样的关怀也体现在韦伯关于政治以及支配类型的论述中,这里笔者做一简单说明:韦伯区分了传统型支配、卡里斯马型支配以及法理型支配。韦伯同时指出,卡里斯马型支配也会发生例行化这样一个过程,因为卡里斯马型领袖本身也会和其他权力载体一样,面临着权力的继承问题。随之而来的就是谁有权力继承,从而开始了继承人的选择过程。但是在这样一个过程中,几乎一定会发生的乃是寻找规则、确立规则,如此一来,规则的传统也就产生了,而卡里斯马本身也就发生了变化,从而在整个卡里斯马的政治共同体内部引入了明确的秩序,实际上也就是一个所谓的例行化过程。如此一来,韦伯所担心的是,在这样一个过程中,往往会产生职位性卡里斯马,"借卡里斯马而统治的组织大幅度转变为日常性的支配:家产制、(特别是)身份制,或变型的官僚制"②。从上述对韦伯著述的相关分析中,我们会发现,始于自由的资本主义最终的一个可怕的副产品,恰恰可能是会让人的自由泯灭,由此而来的秩序与紧张的问题构成了韦伯研究的基本问题域。

紧接着我们要讨论的是:韦伯究竟是通过何种方式围绕这一问题域展开讨论的? 实际上,韦伯对这一宏大时代命题的回应,是

---

① 马克斯·韦伯:《新教伦理与资本主义精神》,于晓、陈维纲等译,生活·读书·新知三联书店1987年版,第142页。
② 马克斯·韦伯:《经济行动与社会团体》,康乐、简惠美译,广西师范大学出版社2004年版,第375页。

通过对历史的比较文明分析来展开的，而在其中起到最关键的介质作用的，就是他对诸类型担纲者的考察。

其一，韦伯所做的研究，实质上是比较文明研究。应星曾专门撰文讨论过今天历史社会学研究范式中的宏观比较历史分析的理论根源是韦伯的社会学传统。① 之所以这样说，是因为表面上看，韦伯的核心问题在于"为什么资本主义率先在西方产生"，但是他对这一问题的考察，却并非仅限于西方文明。韦伯对中国宗教的研究、对古印度教的研究以及对古犹太教的研究，其实都可以看作上述问题意识的另一面。其内在隐含的问题在于：为什么这些古老的文明系统没有像西方文明那样率先与资本主义和现代性相遇？因此，我们并不能将韦伯的研究割裂开来，以专业化或者纯粹方法论的视角加以理解，只有将其放置在同一主题下，才能理解其研究传统的生命力。

其二，韦伯所做的比较文明研究，具体研究进路又是依赖于对不同文明的担纲者的类型学分析而推进的。例如，在对古犹太教的分析中，韦伯通过对法利赛人精神气质的分析与刻画，进一步讨论了犹太教的演化。他指出，自马喀比时代以来，犹太教里产生了一种极其重要的变化，结果为犹太教刻印出终极的性格，此即法利赛主义的发展。② 再比如，韦伯通过对印度知识分子以及不同种姓的分析，揭示了种姓秩序本身所具有的宗教意涵，进而通过对不同种姓，特别是婆罗门这一担纲者群体的精神气质的分析，揭示了

---

① 应星：《经典社会理论与比较历史分析——一个批判性的考察》，《社会学研究》2021年第2期。
② 马克斯·韦伯：《古犹太教》，康乐、简惠美译，广西师范大学出版社2010年版，第477页。

印度教与基督教在本质教义意义上的差异,实际上指出了所谓的资本主义精神与古印度教之间存在的张力关系。[①] 而在对中国宗教的讨论中,韦伯涉及了更为丰富庞杂的内容,从封建制度到王安石变法不一而足。但是对儒教与道教,特别是对儒教的分析,却构成了其讨论中国文明系统的重中之重。韦伯对士人阶层,特别是对官僚士大夫的讨论,更是构成了其理解中国文明的重要线索。他敏锐地指出,传统中国的士人阶层作为一个身份群体,本身拥有着特权,进而会形成自身的身份性格,而包括"忠""诚"等在内的一系列封建概念,经过家父长制的孝道观念转变成了这一身份群体的某种伦理人格与精神气质,即所谓的荣誉。[②] 这样一种担纲者的性情倾向,实质上与资本主义精神之间,存在着巨大的鸿沟。

四、伦理人格与身份群体:
韦伯历史社会学路径的内核

作为社会学这门学问形态重要奠基人的马克斯·韦伯,其研究无论是在问题意识上还是在方法路径上,都构成了今天社会学研究的重要思想资源。正如笔者在前文中所总结与梳理的,如果我们单纯以个人主义这一标签来理解韦伯的话,我们反而容易对

[①] 马克斯·韦伯:《印度的宗教:印度教与佛教》,康乐、简惠美译,广西师范大学出版社 2010 年版。
[②] 马克斯·韦伯:《中国的宗教:儒教与道教》,康乐、简惠美译,广西师范大学出版社 2010 年版,第 184—186 页。

这一蕴含着巨大生命力的研究传统形成某种单一的刻板印象。

实际上,与其说韦伯的方法论是一种个人主义的,毋宁说这是一种以身份团体为入手点,以比较文明分析为基本框架,同时又以呈现关键的制度担纲者的精神气质与性情倾向为旨趣的整全性的研究方式。对这些关键要素进行勾勒、分析与呈现,其本质在于回答以现代性和资本主义为要素的普遍历史的运动趋势,与不同文明形态之间究竟会呈现出何种关系形态这一宏大命题。

总体来说,韦伯的社会学研究传统的厉害之处,在于他提出了一个经典问题:资本主义为什么率先在西方产生?不仅如此,韦伯对这一问题的回答,也是非常独特的。他在宗教改革(加尔文宗)和资本主义兴起之间建立起了某种选择性亲和的解释关系。但在笔者看来,韦伯的研究,对今天的面向中国历史与文明的历史社会学研究,有着非常重要的启发意义。因为韦伯在阐释各种制度与其文明基础(特别是宗教基础)之间关联的时候,敏锐地捕捉到了不同文明的关键历史担纲者。其实,韦伯并没有过多地讨论新教教义和内在思想,而是将思想落实在了具体的群体——经过了改革的新教徒之上,他着力刻画这些新教徒本身的生活方式和精神气质,并敏锐地指出了这种精神气质与资本主义之间的内在关联。

尽管在韦伯的时代,历史社会学这个语词根本无从谈起,但韦伯所开创的这样一种问题意识与研究进路,却在今天深刻影响着历史社会学的研究范式。更为有趣的是,在下一章中我们将会看到,带有鲜明历史主义色彩的韦伯社会学传统,又以独特的方式进入中国历史社会学研究中来。

第三章　制度源流与思想风俗
——陈寅恪史学研究的社会学意涵

一、问题缘起：陈寅恪史学研究的当代意涵

引文一：

　　窃疑中国自今日以来，即使能忠实输入北美或东欧之思想，其结局当亦等于玄奘唯识之学，在吾国思想史上，既不能居最高之地位，且亦终归于歇绝者。其真能于思想上自成系统，有所创获者，必须一方面吸收输入外来之学说，一方面不忘本来民族之地位。此二种相反而适相成之态度，乃道教之真精神，新儒家之旧途径，而二千年吾民族与他民族思想接触史之所昭示者也。寅恪平生为不古不今之学，思想囿于咸丰同治之世，议论近乎湘乡南皮之间，承审查此书，草此报告，陈述所见，殆所谓"以新瓶而装旧酒"者。[①]

[①] 陈寅恪：《冯友兰中国哲学史下册审查报告》，载《金明馆丛稿二编》，生活·读书·新知三联书店2015年版，第284—285页。

引文二：

> 大纲纪本理想抽象之物，然不能不有所依托，以为具体表现之用；其所依托以表现者，实为有形之社会制度，而经济制度尤其最要者。故所依托者不变易，则依托者亦得因以保存。吾国古来亦尝有悖三纲违六纪无父无君之说，如释迦牟尼外来之教者矣，然佛教流传播衍盛昌于中土，而中土历世遗留纲纪之说，曾不因之而动摇者，其说所依托之社会经济制度未尝根本变迁，故尤能借之以为寄命之地也。[1]

上述引文出自20世纪著名历史学家陈寅恪的两篇文章。其中，引文一出自陈寅恪所作《冯友兰中国哲学史下册审查报告》，引文二出自其为悼念王国维所作的《王观堂先生挽词并序》。这两篇文章虽非长篇著述，却体现了陈寅恪庞杂论述体系中的两个重要学术关切：其一，通过"吾民族与他民族思想接触史"来揭示主导中国政治与社会的思想形态及其历史源流；其二，对作为"理想抽象之物""依托"的社会经济制度的演变展开研究。然而，陈寅恪一生论域极广，涉及思想史、文化史、制度史、政治史、宗教史以及人生史等诸多领域，其史学研究是否存在一以贯之的问题意识呢？又是否可以以上述两段引文加以概括呢？我们又如何进一步理解这一研究传统的当代意义呢？

如引文一中所示，陈寅恪以"不古不今之学"来概括其自身学

---

[1] 陈寅恪：《王观堂先生挽词并序》，载《诗集：附唐篔诗存》，生活·读书·新知三联书店2015年版，第12页。

术研究形态,后来的诸多史家亦将"不古不今之学"作为理解陈寅恪史学传统的关键展开讨论。汪荣祖认为,陈寅恪中古史研究所涉及的中古时代乃是中国历史承上启下、民族融合和发展转型的重要时期,同时,陈寅恪自身既有着深厚的经史素养,又游历欧美,受到现代人文社会科学的强烈熏陶,成就了其独特的研究风格,这也构成了"不古不今之学"的真正意涵。[1] 渠敬东则以知识社会学的视野重新审视陈寅恪的中古史研究,他认为,陈寅恪的中古史研究之所以重要,就在于中古史有着胡汉杂糅、各教混融、民族迁徙与文化融合的局面,而陈寅恪恰恰通过对这一时期展开研究,尝试理解当时的家国秩序与士风民情,并揭示其背后的历史逻辑。[2] 与上述两位学者不同,余英时把陈寅恪的研究传统划分为第一阶段的东方学、第二阶段的中古史和第三阶段的心史,并将其称为"陈寅恪的史学三变"。[3] 实际上,余英时的史学三变说是对陈寅恪史学研究进行再阐释的经典划分,这一划分和理解方式是以著作的时间线索为依据,以研究对象的内容和研究作品的风格为考察重点而做出的。这是在今天的学术分科体制下所做出的一种带有普遍性的理解方式:在陈寅恪的史学研究中,包括《隋唐制度渊源略论稿》《唐代政治史述论稿》在内的有关中古制度史研究被视为经典,后人或按照断代史的逻辑将其界定为中古史,或按照研究主题的逻辑将其界定为制度史;包括《柳如是别传》以及其他有关

---

[1] 汪荣祖:《史家陈寅恪传》,北京大学出版社2005年版。
[2] 渠敬东:《返回历史视野,重塑社会学的想象力——中国近世变迁及经史研究的新传统》,《社会》2015年第1期。
[3] 余英时:《试述陈寅恪的史学三变》,载《陈寅恪晚年诗文释证》,东大图书股份有限公司1998年版,第331—377页。

宗教的研究则被归入文化史的范畴。但是,笔者的问题在于:这样一种理解方式是否在有意无意间使我们无从窥见陈寅恪史学研究的总体问题意识?作为一个"从未写过通史"的史学家,我们如何理解陈寅恪关于中古史的研究?在其广泛的论域和烦琐的考证背后,其不同时期、不同阶段的研究是否具有内在的主题同一性,又蕴含着怎样的总体史观?在问题意识与总体史观的基础上,是否有重新理解这一研究传统的可能?

细究起来,"不古不今之学"和"史学三变"乃是理解陈寅恪史学研究的两种不同路径,上述的理解差异一方面说明了陈寅恪史学研究传统的重要性,另一方面也对我们今天社会学以及其他社会科学的发展提出了以下问题和思考:

其一,社会学作为在西学东渐背景下传入中国的学问系统,兼具人文学科与社会科学的双重属性①,而其学科内部一直存在着本土化与国际化的讨论与争鸣。随着中国社会学学科近年来的快速发展,越来越多的学者围绕这一议题展开了一系列有益的争论②,也有学者从西方哲学社会科学的特点及其与历史的关系展开讨论③。实际上,这一争论既是普遍主义与特殊主义的争论,也是强

---

① 费孝通:《试谈扩展社会学的传统界限》,《思想战线》2004年第5期,第1—9页。
② 关于这一部分,可参见下述学者的讨论:周晓虹:《江村调查——文化自觉与社会科学的中国化》,《社会学研究》2017年第1期,第1—23页;谢宇:《走出中国社会学本土化讨论的误区》,《社会学研究》2018年第2期,第1—13页;翟学伟:《社会学本土化是个伪问题吗——与谢宇商榷》,《探索与争鸣》2018年第9期,第49—57页;陈心想:《社会学美国化的历程及其对构建中国特色社会学的启示》,《社会学研究》2019年第1期,第1—28页;周晓虹:《社会学本土化:狭义或广义,伪问题或真现实——兼与谢宇和翟学伟两位教授商榷》,《社会学研究》2020年第1期,第16—36页。
③ 参见赵鼎新:《从美国实用主义社会科学到中国特色社会科学——哲学和方法论基础探究》,《社会学研究》2018年第1期,第17—40页;郭忠辉:《西方社会科学方法论的历史之维》,《中国社会科学》2019年第8期,第45—64页。

调科学主义导向的西方社会科学范式和更为偏重人文取向的本土化范式之间的对话。正如周晓虹所指出的,这一学术争鸣对于中国社会学的发展有重要意义,因为这关乎中国社会学如何从本土特质走向全球视野,而中国社会学的基础是 100 多年来传统中国与现代西方的碰撞、冲突与交流的全部历史。[①] 也正是在这个意义上,理解陈寅恪史学研究中的社会学意涵,对上述问题有重要的现实意义。

其二,近年来,国内的社会学研究出现了较为鲜明的历史转向,历史社会学也成为新近兴起的热门研究方向,研究者围绕历史社会学的学问形态、学科属性、理论范式和研究方法展开了一系列讨论。尽管目前的讨论尚有诸多争论之处,但通过历史社会学研究激活中国社会学的想象力与生命力却是学者们的普遍共识。由此,系统梳理历史社会学的既有理论资源和学术传统就成为一个重要议题。而当我们讨论这一议题之时,恰恰不能忽视以陈寅恪史学研究为代表的经典研究传统:一方面,这一传统的内在观照在于外来文化与中国本土文化之交融[②],而这一问题意识,同马克思、韦伯、涂尔干等古典社会学家[③]的核心论题存在着内在同一

[①] 周晓虹:《社会学本土化:狭义或广义,伪问题或真现实——兼与谢宇和翟学伟两位教授商榷》,《社会学研究》2020 年第 1 期,第 16—36 页。
[②] 陈怀宇:《在西方发现陈寅恪:中国近代人文学的东方学与西学背景》,香港三联书店有限公司 2013 年版。
[③] 丹尼斯·史密斯认为马克思、韦伯与涂尔干等的古典社会学研究构成了历史社会学的古典时期,参见丹尼斯·史密斯:《历史社会学的兴起》,周辉荣等译,上海人民出版社 2000 年版。渠敬东也认为上述古典社会学研究传统实质上在社会学兴起之初就已经将历史维度纳入社会学这门总体学问形态,参见渠敬东:《返回历史视野,重塑社会学的想象力——中国近世变迁及经史研究的新传统》,《社会》2015 年第 1 期。

性①;另一方面,陈寅恪在德国留学期间,曾经深受赫尔德和韦伯学术传统的影响②,他所关注的宗教、制度、政治、民族以及思想文化等问题,也是历史社会学乃至社会学一直以来关注的重要议题。因而,以总体视角对陈寅恪史学研究进行重新解读,对今天的社会学研究也极具启发意义。

自20世纪80年代以来,陈寅恪的史学研究传统不仅在学术界引起越来越多的讨论与重视,同时亦成为一种引起社会广泛关注的文化现象,那么,今天我们对陈寅恪的阅读与再理解,究竟是将其视作里程碑式的人物而展开的学术史书写,还是更多将其视作重新激活学术想象力的思想源泉?陈寅恪自言的"不古不今之学"究竟该做何理解?我们今天该如何认识陈寅恪的研究传统?这一传统又为今天面向中国历史与文明的社会学研究留下了怎样可资借鉴的学术遗产?

对上述问题的回答,也是我们今天展开面对中国历史、社会与政治的历史社会学研究所必须面对的理论问题。

二、温故知新:陈寅恪史学研究传统的相关阐释

关于陈寅恪史学传统的研究可谓汗牛充栋,但总体上来看,这

---

① 我们知道,社会学这一学科发源于当时诸位古典社会学家对现代性和资本主义文明的关切:马克思以生产力和生产关系的唯物史观对资本主义政治经济制度的运行逻辑进行了深刻剖析;韦伯的《新教伦理与资本主义精神》实质上讨论的乃是现代资本主义制度得以最先在西方产生的文明基础;涂尔干的《职业伦理与公民道德》则重新书写了西方社会从古典到近代变迁的内在逻辑,并揭示了诸如法团等社会要素在资本主义文明生成过程中的重要作用。
② 陈怀宇:《在西方发现陈寅恪:中国近代人文学的东方学与西学背景》,香港三联书店有限公司2013年版,第75—82页。

些研究大体可以归纳为如下主题：

第一，围绕陈寅恪史学研究问题意识的论述。陈寅恪的研究题目涉猎广泛，议题驳杂，研究对象多样而丰富。然而在这背后，其研究有无连贯的问题意识呢？在诸多关于此问题的研究中，余英时的"陈寅恪的史学三变"之说最具代表性。他将陈寅恪的史学研究按照时间线索划分为"殊族之文，塞外之史""中古以降民族文化之史"和"心史"三个阶段，以此理解陈寅恪的学术思想。其中，所谓"殊族之文，塞外之史"，是指从1923年到1932年，陈寅恪利用所掌握的语言工具进行两个方面的考证：第一是佛典译本及其对中国文化的影响；第二是唐以来中亚及西北少数民族与汉民族之交涉。余英时认为这构成了陈寅恪史学研究的第一阶段，即所谓东方学领域。"史学三变"的第二阶段是指20世纪30年代初至1949年之间陈寅恪所开创的从魏晋至隋唐的研究领域，陈寅恪对这一历史时期从思想文化到政治制度的研究开创了中古史研究这一领域，并集中从民族、文化等要素来阐释隋唐政治变迁与制度演进，并以此解释唐帝国统一和分裂的历史。以《论〈再生缘〉》和《柳如是别传》为代表的陈寅恪作品则被余英时冠以"心史"之标识，并作为其在1949年后的史学第三阶段。[1] 概括而言，余英时的"史学三变说"乃是寻求陈寅恪史学传统的变中之常，但并未讨论该传统内在的主题同一性问题。

与余英时不同，汪荣祖以陈寅恪自言的"不古不今之学"作为理解其总体问题意识的切入点，他认为，"不古不今之学"的具体形

---

[1] 余英时：《试述陈寅恪的史学三变》，载《陈寅恪晚年诗文释证》，东大图书股份有限公司1998年版，第331—377页。

态就在于其对从魏晋到隋唐的这一在时间段上不远不近的中古史研究①,这也呈现了目前学术界对陈寅恪的一种代表性理解②。然而,上述两种方式都存在未解的问题。余英时的"史学三变说"并没有回答陈寅恪史学研究的总体问题意识,而汪荣祖虽然指出了陈寅恪中古史研究的重要性,却没有明确回答其中古史研究在问题意识层面何以构成了"不古不今之学"的真正形态的问题。

第二,围绕陈寅恪史学思想的东西方学术渊源的讨论。陈寅恪之所以成为中国近现代学术史上里程碑式的人物,既因为他学识渊博、视野开阔,同时还因为他有极富想象力的阐释能力,因此,对其史学思想的讨论成为学术界的一个重点论题。陈弱水认为陈寅恪的史学研究可以归结为"严格的实证""想象与感受力的发挥"和"历史解释的观念"三个方面。③ 王永兴在这方面亦曾做过系统梳理,他明确指出了陈寅恪对中国传统史学,特别是对宋代史家"求真实、供鉴戒"史学思想的继承与发展。④ 陈怀宇以"了解之同情"为切入点,系统讨论了陈寅恪这一方法的西学源流,并特别指出了其与以赫尔德为代表的历史主义的内在关联:重视历史表象之后的历史文化背景。⑤ 不仅如此,他还通过对陈寅恪在欧美游

---

① 汪荣祖:《史家陈寅恪传》,北京大学出版社2005年版。
② 参见宋德熹:《陈寅恪中古史学探研:以〈隋唐制度渊源略论稿〉为例》,稻乡出版社1999年版;王永兴:《陈寅恪先生史学述略稿》,北京大学出版社1998年版。
③ 陈弱水:《现代中国史学史上的陈寅恪——历史解释及相关问题》,载"中央研究院"历史语言研究所编:《学术史与方法学的省思:"中央研究院"历史语言研究所七十周年研讨会论文集》,2000年,第27—65页。
④ 王永兴:《陈寅恪先生史学述略稿》,北京大学出版社1998年版,第12页。
⑤ 陈怀宇:《陈寅恪与赫尔德——以了解之同情为中心》,《清华大学学报》(哲学社会科学版)2006年第4期,第20—32页。

学时与白乐日等人交往的梳理,指出了陈寅恪同包括韦伯等在内的具有历史主义取向的人文社会科学研究的内在关联。[1]

第三,围绕陈寅恪史学研究方法的一系列讨论。陈寅恪有极为精妙的考证功夫,其诸多洞见也都建立在充满想象力的考据基础之上。因此,也有诸多学者围绕陈寅恪的史学研究方法展开归纳与讨论。王永兴系统梳理了陈寅恪史学研究中包括"长编考异之法""总汇贯通之法""神游冥想真了解之法""时间、地理、人事之法"等在内的一系列方法。[2] 需要注意的是,对于陈寅恪的史学研究而言,考证只是其方法工具,陈怀宇曾转述吴宓对陈寅恪史学研究所做的如下评价:"寅恪考据之外仍有其关注天竺外来文化与中国本土文化之碰撞这一更大的语境,不纯然属技术性考据工作。"[3]由此,理解陈寅恪史学研究的总体问题意识及其具体实践方式,才是理解这一研究传统的关键所在。

综上所述,尽管目前学术界对陈寅恪史学思想与研究路径的讨论已经非常多,但讨论尚存留了如下待解的问题:一方面,陈寅恪丰富的研究议题同其研究的总体问题意识之间有何种内在关联?另一方面,陈寅恪既有深厚的经史学养,同时又深受西方人文社会科学熏陶,那么,其研究与西方经典社会科学研究之间究竟有何种关联?对上述问题的考察,既关系到对陈寅恪史学传统的再理解,也关系到今天我们如何建立面对中国社会与历史的同时又

---

[1] 陈怀宇:《在西方发现陈寅恪:中国近代人文学的东方学与西学背景》,香港三联书店有限公司2013年版。
[2] 王永兴:《陈寅恪先生史学述略稿》,北京大学出版社1998年版,第67—141页。
[3] 陈怀宇:《在西方发现陈寅恪:中国近代人文学的东方学与西学背景》,香港三联书店有限公司2013年版,第78页。

面向现代性与全球化这一普遍问题的社会学。正如牟润孙所指出的:

> 惟有寅恪先生能够真正贯通中西,他有许多观点诚然是受了西方影响,如论政治制度和社会习俗等等。他的著作中却一点不露模仿的痕迹,表现得很自然,使人感觉到是在讨论中国本有的问题。①

在下文,笔者尝试从问题意识的角度,在深入其著述史与经典文本的基础上,重新理解陈寅恪史学研究的总体性,同时剖析其研究路径,尝试揭示陈寅恪史学研究的社会学意涵,并围绕面向中国历史与文明的社会学这一议题展开讨论。

三、陈寅恪史学研究的核心议题:文明的发生学

俞大维曾对陈寅恪的史学研究有如下概括:他研究的重点是历史,目的是在历史中寻求历史的教训。中国与边疆民族的关系、历代典章制度的嬗变、社会风俗和国计民生与一般经济变动的互为因果,以及中国文化能存在这么久远的原因,都是他研究的题

---

① 牟润孙:《敬悼陈寅恪先生》,载俞大维等:《谈陈寅恪》,传记文学出版社1970年版,第71页。

目。① 诚如俞大维所言,陈寅恪的史学研究涉及宗教、民族、文学、政治、制度、风俗等诸多层面,几乎无所不包。如果以此来看,余英时的陈寅恪"史学三变说"中的"殊族之文,塞外之史"这一阶段的研究主要涉及宗教传播与民族交融问题,"中古以降民族文化之史"则主要呈现其对隋唐时期思想文化与政治制度的讨论,以《论〈再生缘〉》和《柳如是别传》为代表并被称为"心史"的研究则涉及风俗与文学这一主题。但是,陈寅恪"史学三变"仅仅是因为研究兴趣的改易和研究对象的转换吗? 实际上,如果我们以古典社会学的理论视域来审视这一问题,就会发现陈寅恪史学研究中所隐含的关于文明的发生学的总体史观。

在具体讨论陈寅恪关于文明的总体史观这一议题之前,我们首先要对古典社会学的理论视野做一个说明。在今天的人文社会科学领域,学科分化越发细化,社会学已经成为一个包括社会学理论、社会学研究方法及政治社会学、经济社会学、文化社会学、历史社会学等分支学科在内的,以研究对象作为分界标准的,庞大而复杂的学问系统,甚至在古典时期作为社会学全部内容的社会学理论都已有成为分支社会学的趋势。但是,如果我们回到社会学诞生之初就会发现,社会学之所以产生,并非因为其专门针对一个名为社会的特定研究对象,而是为了回应人类社会进入工业文明以来所共同面对的现代性问题或者说现代文明问题而产生的学问系统。因此,无论是作为社会学三大家的马克思、韦伯和涂尔干,还

---

① 俞大维:《怀念陈寅恪先生》,载陈流求等:《也同欢乐也同愁:忆父亲陈寅恪母亲唐篔》,生活·读书·新知三联书店2010年版,第87页。

是其他诸如托克维尔、孟德斯鸠等经典社会理论传统的奠基人,他们所面对的问题本质上都是现代文明这一普遍性主题。例如,韦伯所关心的核心问题,实质乃是现代性所生成的特定政治经济制度(资本主义制度)与不同类型文明之间的关系问题。[①] 今天,韦伯的理论已经被"肢解"为各个分支社会学,其关于支配类型的讨论被划归政治社会学,而《经济与社会》是经济社会学的代表性著作,包括《古印度教》《古犹太教》《儒教与道教》以及《新教伦理与资本主义精神》在内的诸多著作则毫无疑问地归属于宗教社会学的领域。然而,上述现已分属于不同分支社会学的韦伯研究,实质上都是韦伯围绕现代性与资本主义文明这一总体问题意识而展开的具体研究。简而言之,之所以强调古典社会学的理论视域,是因为社会学本身并非以研究对象和研究方法来确认自身正当性的学问类型,而是关于时代命运和人类文明秩序巨变所产生的学问体系。由是观之,韦伯本身的问题意识有高度的内在统一性,他关心的核心问题是:资本主义这样一种独特的政治经济制度与文明形态为何率先在西方产生?换言之,某种独特的政治经济制度的产生,有着怎样的宗教和伦理基础?

我们以这样的视角重新审视陈寅恪的史学研究会发现,这一研究传统内在蕴含着关乎文明演进的总体史观和深刻的社会学意涵:在本章开头部分的"引文一"中,陈寅恪明确指出了自己文明史

[①] 韦伯在《新教伦理与资本主义精神》一书中鲜明地给出了自己关于现代性与工业文明的问题意识,即为什么资本主义率先在西方产生,同时,韦伯还对包括中国、印度等在内的诸多文明及其宗教形态展开研究,进一步回答了现代性与不同文明及其宗教基础之间的内在关联。

观的内在观照,即"本民族之地位"。那么,究竟何谓陈氏意义上的民族本位?对民族本位的探索是否贯穿了其全部研究?陈寅恪对宗教与民族、政治与制度、士风民情以及学术思想的具体研究又和笔者所谓文明史观的问题意识有何内在关联呢?[1] 正如施耐德曾指出的,陈寅恪借指出民族精神及其发展和外来文化对民族精神的影响来建立延续性。[2] 如果我们从问题意识而非研究议题或者著述时间的角度对陈寅恪史学传统加以考察就会发现,其研究又有如下应聚焦的主题:

其一,宗教传播与思想演进。陈寅恪关于宗教,特别是佛教的研究是理解其总体史观的重要组成部分。余英时曾经明确指出,陈寅恪早期研究的重点即利用他所掌握的语文工具来考证佛教经典译本的翻译,并以此讨论其对中国文化的影响。然而,语言学之于陈寅恪只是工具而已,他真正关心的是佛教在中国的传播历史及其影响[3]:

如以西洋语言科学之法,为中藏文比较之学,则成效当较

---

[1] 学术界普遍认为陈寅恪的宗教研究构成了其早期主要工作,并体现出了深厚的东方学与历史比较语言学基础,而他关于中古时期政治制度与思想文化的研究又是史学研究的典范之作,同时,《柳如是别传》和《元白诗笺证稿》的研究既体现了陈寅恪对新史料的独特运用和以诗证史方法的创造性发明,又内在倾注着史家个人的价值关怀。参见余英时:《试述陈寅恪的史学三变》,载《陈寅恪晚年诗文释证》,东大图书股份有限公司1998年版;陈怀宇:《在西方发现陈寅恪:中国近代人文学的东方学与西学背景》,香港三联书店有限公司2013年版。
[2] 施耐德:《真理与历史:傅斯年、陈寅恪的史学思想与民族认同》,关山、李貌华译,社会科学文献出版社2008年版,第141页。
[3] 余英时:《试述陈寅恪的史学三变》,载《陈寅恪晚年诗文释证》,东大图书股份有限公司1998年版,第338页。

乾嘉诸老,更上一层。然此非我所注意也。我所注意者有二:一历史(唐史、西夏)。西藏即吐蕃,藏文之关系不待言。一佛教。大乘经典,印度极少。新疆出土者亦零碎,及小乘律之类,与佛教史有关者多,中国所译,又颇难解。①

因此,陈寅恪关于宗教的研究和作为民族本位重要因素的思想文化有密切关联。例如,他通过对佛经译本的比较分析,重点讨论了早期佛教传入中国时,在翻译的过程中都发生了怎样的改变以调和佛教义理与中国传统社会伦理之间的冲突。② 正是在这样的调适之下,作为外来思想的佛教才和道教学说、儒家思想汇流交织,渐渐形成儒释道三教合一的局面。

其二,社会风俗与文明形态。陈寅恪的史学研究极力拓展传统史学的史料范围,将更多的文学作品纳入史学研究,他对《再生缘》和元白诗的考察就被认为是其中的代表作。那么,陈寅恪何以要考察诗歌、弹词与小说呢?实际上,陈寅恪对不同体裁文学作品的讨论,背后实质上乃是其对整个社会风俗变易的观照:一方面,陈寅恪敏锐地发现,佛教经典教义恰恰是通过小说这一体裁真正进入中国民间社会的③;另一方面,陈寅恪之所以对白居易的诗尤为看重,乃是因为他认为这是以白居易为代表的士人群体借助当

---

① 陈寅恪:《与妹书(节录)》,载《金明馆丛稿二编》,生活·读书·新知三联书店 2015 年版,第 355—356 页。
② 陈寅恪:《有相夫人生天因缘曲跋》,载《金明馆丛稿二编》,生活·读书·新知三联书店 2015 年版,第 192—193 页。
③ 陈寅恪:《敦煌本维摩诘经文殊师利问疾品演义跋》,载《金明馆丛稿二编》,生活·读书·新知三联书店 2015 年版,第 209 页。

时流行文学的体裁对社会风俗的一次重要变革①。

其三,制度渊源与政治变迁。陈寅恪的《隋唐制度渊源略论稿》(以下或简称《隋唐制度》)与《唐代政治史述论稿》(以下或简称《唐代政治》)是其制度史与政治史的代表著作。这两部作品直接体现了他文明发生学的问题意识,即围绕源流问题对中古时期的制度、政治与文化展开研究。② 在这里,陈寅恪关心的核心问题并非描绘制度的结构性特征,而是讨论制度要素在历史时空中不断组合与叠加的具体进程,及其产生的具体历史效果。

从总体上看,陈寅恪乃是从思想文化、社会风俗和政治制度三个层面展开其文明的发生学③研究,并围绕文明的存续与变迁这一主题展开讨论。隋唐之际恰恰是中国传统儒家文明和儒家伦理"腹背受敌"的时期:在政治军事上,自魏晋南北朝以来,中原文明便陷入了长期的战乱与分裂,而隋唐之际的中原王朝始终面对着周边尚武游牧民族的冲击与侵扰;在思想文化上,与传统儒家伦理有着诸多冲突的佛教开始广泛传播,并与中国传统社会的既有宗教和社会伦理产生碰撞;在社会风俗上,胡汉杂糅的历史局面、儒释道三者的碰撞与融合都具体影响着社会风习,而隋唐之际士人群体也不断践行着移风易俗的士大夫理想,尝试在隋唐之际开拓

---

① 陈寅恪:《元白诗笺证稿》,生活·读书·新知三联书店2015年版。
② 陈寅恪:《隋唐制度渊源略论稿·唐代政治史述论稿》,生活·读书·新知三联书店2015年版,第3页。
③ 所谓文明的发生学,并非指陈寅恪的史学研究将魏晋至隋唐理解为中国文明的发端,也非指涉陈寅恪将此理解为中国现代性的产生,而是更为强调陈寅恪史学研究的总体性与绵延性。关于这一点,笔者将在后文从思想、风俗与制度三个关键词入手,详细展开论述。

出崭新的历史局面。因此,陈寅恪的史学研究所蕴含的乃是一种关于文明发生的总体史观,并贯穿于其全部著作。

那么,陈寅恪在思想文化、社会风俗和政治制度这三个层面究竟是以何种研究路径来具体推进的呢?在其研究过程中又使用了什么概念工具?这三个层面是否具有内在关联?这些具体研究之于今天的社会学研究又有怎样的启发意义?笔者将对上述问题展开进一步分析与讨论。

四、思想、宗教与政治:陈寅恪的思想史研究

如前文所述,佛教研究是陈寅恪史学传统的重要组成部分,而且陈寅恪自身能够掌握梵文、巴利文等多种语言,更使其佛教研究具有了传奇色彩。然而,陈寅恪的核心关注并不在语言学本身。余英时明确指出,对于陈寅恪来说,古典与中亚语言不过是治史的准备工作,其目的并不在语言学本身。[1] 陈怀宇也强调,印欧比较语言学只是工具,佛教文化史才是真正的重点所在。[2] 那么,陈寅恪缘何如此重视佛教文化史的研究呢?他利用自己所掌握的语言学工具,在其早期研究中不断考察佛教文献的梵文原本,又是为了回答什么问题呢?

---

[1] 余英时:《试述陈寅恪的史学三变》,载《陈寅恪晚年诗文释证》,东大图书股份有限公司1998年版,第333页。
[2] 陈怀宇:《陈寅恪与赫尔德——以了解之同情为中心》,《清华大学学报》(哲学社会科学版)2006年第4期,第120页。

陈寅恪之所以对佛教文化史极为重视,其核心观照并非印度佛教文献中的宗教义理问题,而是通过佛教文献的梵文原本和汉文译本之间的对勘,考察"印度佛教思想怎样在传入中国过程中发生一些变化"①。而对这一问题的考察与辨析,本质上乃是陈寅恪对作为民族本位要素之一的思想文化在具体进程中的渊源与流变的关切。

具体来说,陈寅恪之所以对佛经的汉译过程进行考察,实际上是想讨论在这一过程中佛经译本是否刻意省略了某些中国传统思想与伦理难以接受的内容。例如,陈寅恪在讨论佛教中"莲花色尼"这一故事时发现,这一故事的汉译本将原文中的"七种恶报"写为"六种恶报",进而开始考察这是否为传写过程中的无意脱漏。经过进一步的具体考证后,他发现其原因在于"有所恶忌,故意删削一种恶报",其中删去的即为"莲花色尼母女共嫁一人且为其子"这一与中国社会儒家纲常伦理所不容的部分。因此,陈寅恪指出:"此种学说,其是非当否,姑不置论。惟与支那民族传统之伦理观念绝不相容,则不待言。佛法之入中国,其教义中实有与此土社会组织及传统观念相冲突者。"②

再比如,陈寅恪指出了佛教在中原传播过程中积极调和其自身教义与中国传统政治与社会伦理相互冲突的部分,并且最终在忠孝问题上让步:

---

① 陈怀宇:《陈寅恪与赫尔德——以了解之同情为中心》,《清华大学学报》(哲学社会科学版)2006年第4期,第229页。
② 陈寅恪:《莲花色尼出家因缘跋》,载《寒柳堂集》,生活·读书·新知三联书店2015年版,第169—173页。

> 佛经所明,凡有二科,一者处俗弘教,二者出家修道。处俗则奉上之礼,尊亲之敬,忠孝之义,表于经文。①

因此,无论是对语言学工具的利用,还是对佛经文本的对勘与解读,陈寅恪的实质关切都在于佛教传入中国过程中与中国思想文化的融合过程。正如他在《论韩愈》一文中所指出的:

> 盖天竺佛教传入中国时,而吾国文化史已达甚高之程度,故必须改造,以蕲适合吾民族、政治、社会传统之特性。②

陈寅恪还发现,在佛教思想传入中国时,还曾借助包括道教在内的本土宗教完成其传播。例如,利用道教的文本经典来阐释佛经,使佛经以这种本土化的方式易于广泛流行。③ 因此,陈寅恪关于佛教的研究重点并不在于本民族思想文化是否准确地引进了外来思想,而在于这一引进过程是否能同中国政治与社会伦理相融合,以及通过何种路径与载体完成的融合。由此,陈寅恪完成了对构成中国传统思想体系的儒释道的渊源考察,他在《冯友兰中国哲学史下册审查报告》一文中明确写道:

---

① 陈寅恪:《陈寅恪魏晋南北朝史讲演录》,万绳楠整理,贵州人民出版社 2007 年版,第 293—294 页。
② 陈寅恪:《论韩愈》,载《金明馆丛稿初编》,生活·读书·新知三联书店 2015 年版,第 322 页。
③ 陈寅恪:《支愍度学说考》,载《金明馆丛稿初编》,生活·读书·新知三联书店 2015 年版,第 159—187 页。

南北朝时，即有儒释道三教之目。至李唐之世，遂成固定之制度。如国家有庆典，则召集三教之学士，讲论于殿廷，是其一例。故自晋至今，言中国之思想，可以儒释道三教代表之。此虽通俗之谈，然稽之旧史之事实，验以今世之人情，则三教之说，要为不易之论。①

此外，陈寅恪在更为晚近的宗教研究中，还尤其关注宗教传播与政治局势之间的内在关联。例如，他专门讨论了佛教与武则天的隐秘关联。② 表面上看，他通过细密的考证与合理的推想说明了武曌与佛教信仰之间的关系，似乎这只是一篇考证之文，但他真正想要阐释的是佛教在隋唐之际的兴衰继替与政治局势易变之间的内在关联：

后来僧徒即借武氏家庭传统之信仰，以恢复其自李唐开国以来所丧失之权势。而武氏复转借佛教经典之教义，以证明其政治上所享之特殊地位。二者之所以能彼此互相利用，实有长久之因缘，非一朝一夕偶然所可致者。③

综上所述，陈寅恪通过自己的宗教文化史研究，指出作为"抽

---

① 陈寅恪：《冯友兰中国哲学史下册审查报告》，载《金明馆丛稿二编》，生活·读书·新知三联书店2015年版，第282—283页。
② 陈寅恪：《武曌与佛教》，载《金明馆丛稿二编》，生活·读书·新知三联书店2015年版，第164页。
③ 陈寅恪：《武曌与佛教》，载《金明馆丛稿二编》，生活·读书·新知三联书店2015年版，第164页。

象理想最高之境"代表的儒释道合一的思想体系的具体衍生过程。这一研究进路内在蕴含着浓厚的古典社会学意涵:韦伯 生都致力于诸宗教体系与各自文明形态之间的关系研究,这其中又涉及宗教与经济伦理、宗教与政治支配、宗教与身份群体等诸多内容[1],尽管韦伯采取的只是一种理想类型意义上的比较研究,但他关于宗教史研究与思想史研究的问题意识却同陈寅恪一样,含有文明形态的总体史意涵。正是在这个意义上,陈寅恪的宗教史研究背后,乃是对宗教与思想演进之关系、宗教与政治局势之关系的深入考察,并蕴含着对中国文明思想源流的核心问题意识,这也正是陈寅恪史学传统所呈现出的古典社会学意涵。

五、风俗、民情与制度:陈寅恪的风俗史研究

除了佛教文化史与政治制度史,陈寅恪史学研究的另一个重要维度就是他对诗歌、小说等文学文本的研究和对传统社会士人群体的研究。对前者而言,比较典型的作品是陈寅恪对包括元白诗在内的唐代诗歌的研究和他对《再生缘》的讨论[2];对后者而言,最具代表性的莫过于其对韩愈与唐代小说关系的研究[3]。那么,

---

[1] 马克斯·韦伯:《中国的宗教;宗教与世界》,康乐、简惠美译,广西师范大学出版社2004年版,第413—550页。
[2] 参见陈寅恪:《元白诗笺证稿》,生活·读书·新知三联书店2015年版;陈寅恪:《论〈再生缘〉》,载《寒柳堂集》,生活·读书·新知三联书店2015年版,第1—107页。
[3] 陈寅恪:《韩愈与唐代小说》,载《讲义及杂稿》,生活·读书·新知三联书店2015年版,第440—444页。

陈寅恪对上述问题的研究，是一时兴之所至，还是为了将新史料纳入史学研究，抑或是为了践行以诗证史的新方法？其实质学术关切是什么？这些研究又和陈寅恪的制度史研究、思想史研究是何种关系？

简单来说，陈寅恪上述研究内容的实质，在于他对处在复杂历史局面之下的社会风俗与民情状态究竟如何变化这一问题的普遍关切。

一方面是在外来宗教影响下社会风俗的演变。陈寅恪的佛教史研究除了前文提到的与思想文化史的关联之外，还和另外一个重要议题有关，即探讨佛教这一外来宗教思想在传入中国的过程中是如何对社会风俗产生具体影响的。例如，陈寅恪曾对韩愈与唐代小说之间的关系展开讨论。他指出，韩愈所处的时代，是小说的黄金时代，因此"韩集中颇多类似小说之作"，而"韩愈实与唐代小说之传播具有密切关系"。那么，韩愈与唐代小说的传播有密切关系又意味着什么呢？在陈寅恪看来，这恰恰是作为外来宗教的佛教在世俗化和本土化过程中的重要载体，因为"唐代小说家之思想理论实深受佛道两教之影响"。[1] 再比如，陈寅恪曾专门以《西游记》为例，分析包括"大闹天宫""猪八戒高家庄招亲"等在内的小说情节，其原型恰恰来自随佛教传入的印度神话故事：

> 自佛教流传中土后，印度神话故事亦随之输入。观近年发现之敦煌卷子中，如维摩诘经文殊问疾品演义诸书，益知宋

---

[1] 陈寅恪：《韩愈与唐代小说》，载《讲义及杂稿》，生活·读书·新知三联书店2015年版，第443页。

代说经,与近世弹词章回体小说等,多出于一源,而佛教经典之体裁与后来小说文学,盖有直接关系。此为昔日吾国之治文学史者,所未尝留意者也。①

由此,陈寅恪在另一篇文章中总结道:

尝谓吾国小说,大抵为佛教化。六朝维摩诘故事之佛典,实皆哲理小说之变相。假如后来作者,复递相仿效,其艺术得以随时代而改进,当更胜于昔人。此类改进之作品,自必有以异于感应传冥报记等滥俗文学。惜乎近世小说虽多,与此经有关系者,殊为罕见。岂以支那民族素乏幽渺之思,净名故事纵盛行于一时,而陈义过高,终不适于民族普通心理所致耶?②

综上所述,陈寅恪通过对隋唐时期俗文学的考察,揭示的乃是佛教经典融入俗文学进而影响社会风俗的历史过程。

另一方面是文人士大夫群体在社会风俗变迁过程中的作用。陈寅恪的史学研究大量涉及包括白居易、韩愈、柳宗元等在内的文人士大夫,他对这一群体及其作品的研究也蕴含着社会风俗变迁这一问题意识。在他看来,真正优秀的民俗文学,均经过了具有民

---

① 陈寅恪:《西游记玄奘弟子故事之演变》,载《金明馆丛稿二编》,生活·读书·新知三联书店 2015 年版,第 217—223 页。
② 陈寅恪:《敦煌本维摩诘经文殊师利问疾品演义跋》,载《金明馆丛稿二编》,生活·读书·新知三联书店 2015 年版,第 209 页。

族精神和独立思想的士人的改造,使其既具有很高的文学价值,又包含了某种再造的政治或社会伦理,且流传范围很广,因此能够起到开风气之先和移风易俗的历史效果,如《长恨歌》、《莺莺传》、元白诗、《再生缘》等等。陈寅恪之所以对白居易的诗尤为看重,是因为他认为这是以白居易为代表的士人群体借助当时流行的文学体裁对,因而不同于陈子昂和李白的纯粹文人革新运动:

> 惟以唐代古诗,前有陈子昂李太白之复古诗体。故白氏新乐府之创造性质,乃不为世人所注意。实则乐天之作,乃以改良当日民间口头流行之俗曲为职志。与陈李辈之改革齐梁以来士大夫纸上摹写之诗句为标榜者,大相悬殊。其价值及影响,或更较为高远也。①

此外,陈寅恪对社会风俗与民情状态的讨论,除了同佛教史、思想史和文学史密切相关之外,还内在蕴含于其对制度史的研究之中,他对隋唐府兵制兴衰的研究就是其中一例。府兵制一般被认为是隋唐之际的制度创设,但陈寅恪认为,后来在唐玄宗年间终告废止的府兵制,实际上早在南北朝时期就已经有其雏形,"实乃模拟鲜卑部落旧制"②。这一起于北朝西魏时期的军制又有如下特点:"则凡一部落即一军事单位内之分子对于其部落之酋长即军

---

① 参见陈寅恪:《元白诗笺证稿》,生活·读书·新知三联书店 2015 年版;陈寅恪:《论〈再生缘〉》,载《寒柳堂集》,生活·读书·新知三联书店 2015 年版,第 125 页。
② 陈寅恪:《隋唐制度渊源略论稿·唐代政治史述论稿》,生活·读书·新知三联书店 2015 年版,第 145 页。

将,有直接隶属即类似君臣之关系与名分义务。"①

更具体来说,其本质乃是部落酋长制:

> 至军队组织,则胡人小单位部落中,其酋长即父兄,任将领。其部众即子弟,任兵卒。即本为血胤之结合,故情谊相通,利害与共。远较一般汉人以将领空名,而统率素不亲切之士卒者为优胜。②

至宇文泰主政时,开始招募汉族百姓,这就是府兵的扩大化与平民化过程。宇文泰之所以这样做,乃是为了"笼络其部下之汉族"以对抗政权中反对汉化的政治势力,因而陈寅恪指出:"此宇文泰所以使苏绰、卢辩之徒以周官之文比附其鲜卑部落旧制,资其野心利用之理由也。"③尽管宇文泰推行汉化政策有其政治上的考量,但这一变化也使得该兵制渐渐失去了其原有的社会基础。至隋唐之际,尽管府兵制尚存,但是其内在实质已经变成了一种兵农合一的制度,也从过去的部酋分属制变成了君主直辖制,从过去的贵族制变成了平民制。

如果我们仔细考察就会发现,陈寅恪对府兵制渊源与流变的考察,也含有对社会风俗问题的观照。在他看来,府兵制的衰败过

---

① 陈寅恪:《隋唐制度渊源略论稿·唐代政治史述论稿》,生活·读书·新知三联书店2015年版,第141页。
② 陈寅恪:《论唐代之蕃将与府兵》,载《金明馆丛稿初编》,生活·读书·新知三联书店2015年版,第302页。
③ 陈寅恪:《隋唐制度渊源略论稿·唐代政治史述论稿》,生活·读书·新知三联书店2015年版,第140页。

程,乃是南北朝时期少数民族部落兵制在汉化进程中的一个历史后果:将汉人纳入府兵制度本身,既瓦解了作为府兵制基础的民族部落社会制度(部落酋长制),也在客观上改变了原有军队尚武与善骑射的精神气质与文化属性①,因此,唐太宗尝试重振府兵制的努力也没有取得成效,直至唐玄宗时期终告瓦解。

综上,陈寅恪对宗教文化史、思想史、文学史乃至制度史的研究,都内在蕴含着对社会风俗的演化及其历史渊源这一问题意识的关注,并贯穿其学术生涯始终。他对社会风俗的研究与探讨,实质上是在文明史观的总体视域下,对古典社会学同样关注的民情和风俗问题在中国语境下的漫长演变史进行考察。② 在这一过程中,无论是士人思想还是文学作品,抑或是宗教与制度,都是他理解风俗变迁的重要载体与路径。

六、区域、文化与社会集团:陈寅恪的制度史研究

在诸多著述中,陈寅恪关于隋唐之际中古时期的制度史和政

---

① 陈寅恪对不同民族的民族性始终非常关注,尤其关注民族融合过程中这些文化属性与精神气质上的相互融合与影响,同时衍生出了混合血缘、民族与地域等多重要素的诸类社会集团,这些社会集团的思想与行为恰恰在文明演化与制度变迁的过程中发挥着重要作用。实际上,这一问题更为集中地体现在陈寅恪的政治史与制度史研究中,笔者将在下文详细撰述,在此不再展开。
② 民情与风俗问题乃是古典社会学家所关注的重要问题。孟德斯鸠的著作《论法的精神》看上去是在讨论礼仪、法律等文明秩序生成的社会基础,实质上揭示了这样一个基本问题,即制度与秩序的存在,本质上是以社会风俗为基础、以道德情感为支撑的。参见孟德斯鸠:《论法的精神》,张雁深译,商务印书馆 2009 年版。

治史的研究最具代表性。正如前述"引文二"中所述,在陈寅恪看来,制度乃是纲纪等"理想抽象之物"的依托载体,因此,他非常重视对制度史的研究,同时,也怀有其独特的视角与关怀。在《隋唐制度渊源略论稿》中,陈寅恪明确提出了自己以渊源为核心的问题意识:

> 夫隋唐两朝为吾国中古极盛之世,其文物制度流传广播,北逾大漠,南暨交趾,东至日本,西极中亚,而迄鲜通论其渊源流变之专书,则吾国史学之缺憾也。兹综合旧籍所载及新出遗文之有关隋唐两朝制度者,分析其因子,推论其源流。[1]

在具体的论述中,陈寅恪针对汉魏以迄隋唐的各种典章制度,包括礼仪(附都城建筑)、职官、刑律、音乐、兵制、财政等,"分析其因子,推论其源流"。例如,陈寅恪在《隋唐制度》第五章"音乐"中如此概括该章要旨:

> 本章所欲论者,在证述唐之胡乐多因于隋,隋之胡乐又多传自北齐,而北齐胡乐之盛实由承袭北魏洛阳之胡化所致。因推究其渊源,明述其系统,毋使考史者仅见郑译七调之例,遂误以为隋唐胡乐悉因于北周也。[2]

---

[1] 陈寅恪:《隋唐制度渊源略论稿·唐代政治史述论稿》,生活·读书·新知三联书店2015年版,第3页。
[2] 陈寅恪:《隋唐制度渊源略论稿·唐代政治史述论稿》,生活·读书·新知三联书店2015年版,第128页。

他在该书第七章"财政"中开篇也明确指出：

> 此章主旨唯在阐述继南北朝正统之唐代，其中央财政制度之渐次江南地方化，易言之，即南朝化；及前时西北一隅之地方制度转变为中央政府之制度，易言之，即河西地方化二事，盖此二者皆系统渊源之范围也。①

在综合使用与考证诸多类型史料的基础上，陈寅恪以隋唐制度的三源说为基础架构②，进而系统剖析了构成隋唐制度三条源流各自的作用，回答哪一条源流为主流这一问题。陈寅恪一反隋唐制度继承西魏北周的流行旧说，揭示了北魏北齐一源为主流的说法。所谓北魏北齐一源，意指由汉、魏、西晋以迄东晋、南朝前半期（刘宋、萧齐）所一脉相传的礼乐政刑典章文物，为北魏孝文帝及其子孙模仿采用，而传至北齐，并最终汇入隋唐制度之中。③

如果说在《隋唐制度》一书中，陈寅恪更多通过对典章制度的梳理来揭示隋唐诸制度的源流与演进的话，那么他在《唐代政治》中，则是以人和事为核心展开的。一方面，陈寅恪详细考察了隋唐之际在政治事件中起重要作用的诸类社会集团，勾勒这些社会集团的构成、属性、特征，并分析其在政治演进中所起的作用；另一方面，陈寅恪详细考察政治变化过程中的重点政治事件，并对事件发

---

① 陈寅恪：《隋唐制度渊源略论稿·唐代政治史述论稿》，生活·读书·新知三联书店2015年版，第156页。
② 笔者注：北魏北齐（含河西文化）、梁陈、西魏北周构成了隋唐制度的三条源流。
③ 陈寅恪：《隋唐制度渊源略论稿·唐代政治史述论稿》，生活·读书·新知三联书店2015年版。

生的宏观结构、中观形势与微观过程进行详细梳理,从而理解制度与政治演进的具体机制。①

由此,《隋唐制度》与《唐代政治》两部著作虽各有侧重,却同时内在隐含着同一问题意识。对于前者而言,正如王永兴所述,此书名为隋唐制度渊源,并不主要论述制度沿革本身,而是探讨人、社会对制度的影响,区域保存制度的可能性,人在保存制度文化中的作用,等等。隋唐制度之所以能够再现辉煌,正是由于江左、中原及河西三区域保存、发展了汉魏文化,使"五百年间绵延一脉"②。对后者而言,又分为上、中、下三篇,其中,上篇与中篇分别为"统治阶级之氏族及其升降"和"政治革命及党派分野",主要讨论各种社会集团、政治集团在政治易变与制度演进过程中的作用,下篇"外族盛衰之连环性即外患与内政之关系"重点讨论隋唐之际周边诸多民族与中国文明生成与政治变迁之间的关系。概括言之,这两本书都在回答这样一个问题:隋唐之时的中华民族是如何在与周边诸尚武游牧民族的冲突与融合过程中,生成了新的制度与文明的?这样一种问题意识贯穿其制度研究始终,并且同陈寅恪所使用的社会集团这样一个具有社会科学色彩的概念有着重要关联。在此,我们仅以陈寅恪对关陇集团及其与科举制之间关系的分析为例加以说明。

在对科举制的讨论中,陈寅恪提出了这样一个问题:科举制虽然创设于隋朝,但为什么直到武则天主政时期才成为最重要的选

---

① 陈寅恪:《隋唐制度渊源略论稿·唐代政治史述论稿》,生活·读书·新知三联书店 2015 年版。
② 王永兴:《陈寅恪先生史学述略稿》,北京大学出版社 1998 年版,第 149 页。

官制度？在他看来，科举制在武则天主政时期成为"人民致身通显之途径"，其核心原因在于南北朝时期宇文氏建立北周之后开始的关陇本位政策，即宇文氏为了对内巩固自身在关陇地区这一胡汉杂糅的区域维持有效统治，对外可以集中胡汉两族中精干力量形成军事优势而采取的政策，简单来说，即以关陇为本位，聚集全国之武力于此西北一隅之地，借以宰制全国。① 然而，需要注意的是，这一政策不仅是军事政策，也含有文化意涵：

> 除整军务农、力图富强等充实物质之政策外，必应别有精神上独立有自成一系统之文化政策，其作用既能文饰辅助其物质即整军务农政策之进行，更可以维系其关陇辖境以内之胡汉诸族之人心，使其融合成为一家，以关陇地域为本位之坚强团体。此种关陇文化本位之政策，范围颇广，包括甚众，要言之，即阳传周礼经典制度之文，阴适关陇胡汉现状之实而已。②

更为重要的是，这一政策从南北朝时期一直延续到李唐，其中，李唐皇室（包括唐太宗李世民）③以及唐中期之前的主要文官武将（例如长孙无忌等）皆起源于这一集团。在长时段的历史时期内，此政策形成了一个超越单纯种族与地域的关陇集团。更具体

---

① 陈寅恪：《隋唐制度渊源略论稿·唐代政治史述论稿》，生活·读书·新知三联书店2015年版，第202—203页。
② 陈寅恪：《隋唐制度渊源略论稿·唐代政治史述论稿》，生活·读书·新知三联书店2015年版，第101页。
③ 这也是陈寅恪专门考察唐太宗的世系血缘的重要目的所在。

来说,所谓关陇集团,乃是一个融合了地域、血缘和文化(习俗)的复合性概念:

> 融合其所割据关陇区域内之鲜卑六镇民族,及其他胡汉土著之人为一不可分离之集团,匪独物质上应处同一利害之环境,即精神上亦必具同出一渊源之信仰,同受一文化之熏习,始能内安反侧,外御强邻,而精神文化方面尤为融合复杂民族之要道。①

简单来说,关陇集团是以胡族为主,但接纳了部分汉化的社会集团。关陇本位政策从北周到隋代一直延续至唐代中期。② 与此同时,武则天因为自己是山东人士,也一直在唐高宗时期得到当时同关陇集团一脉的朝臣相对立的、出身山东的朝臣的支持。③ 正因如此,武则天主政时期便开始拔擢科举制度,以此将一直以来受到关陇集团排斥的"山东、江左之地中工于文,但不预关中团体致遭屏抑者"选拔至政治统治集团,从而巩固自身的统治地位。正是在这样的研究路径下,陈寅恪围绕科举制度的兴起及其与政治局

---

① 陈寅恪:《隋唐制度渊源略论稿·唐代政治史述论稿》,生活·读书·新知三联书店2015年版,第198页。
② 陈寅恪:《隋唐制度渊源略论稿·唐代政治史述论稿》,生活·读书·新知三联书店2015年版,第156—157页。
③ 陈寅恪在《论隋末唐初所谓"山东豪杰"》一文中曾专门讨论此事,他写道:"后来高宗欲立武曌为后,当日山东出身之朝臣皆赞助其事,而关陇集团代表之长孙无忌及其附属系统之褚遂良等则竭力谏阻,高宗当日虽欲立武氏为后,以元舅大臣之故有所顾虑而不敢行,惟有取决于其他别一集团之代表人即世勣之一言,而世勣竟以武氏为山东人而赞成其事。"参见陈寅恪:《论隋末唐初所谓"山东豪杰"》,载《金明馆丛稿初编》,生活·读书·新知三联书店2015年版,第243—265页。

势、社会集团变化之间的关系做出了独到的历史解释,并通过对不同社会集团兴衰继替的阐释勾勒出文明存续的历史图景。

综上所述,我们可以对陈寅恪的制度史与政治史研究做如下小结:其一,陈寅恪的制度史与政治史研究是从以源流为核心的问题意识展开的,在这一主导问题意识下,陈寅恪所关心的既非制度的结构性特征,亦非政治的机制性要素,而是所谓中华民族的民族本位是如何在漫长而具体的历史进程中不断发展与变化的,在这样的过程中,又是哪些要素和因子,通过何种方式产生了怎样的作用;其二,在陈寅恪的制度史与政治史研究中,对特殊地理区域及其塑造的独特文化的考察构成了其制度研究的重要路径,正是通过这一研究路径,陈寅恪在研究中离析出具有不同民族性和精神气质的社会集团,并以此理解整个文明形态在复杂历史局面下的演化路径。陈寅恪对制度源流的讨论是落实在具体的事件与人物之上的。他以重要的制度节点(例如科举制和府兵制的变化),并通过特定的社会政治集团与制度演化之间的关联讨论制度的源流与生成问题。

总体来说,陈寅恪围绕制度源流所做的研究,同他的思想史研究和风俗史研究密切关联,并一同构成了其关于文明演进这一总体问题意识的组成部分。其制度史研究内在蕴含的旨趣,已经远非制度二字所能涵括。他所做的努力,在于理解处于尚武民族包围之下(民族融合),同时又在多种思想(佛教)冲击之下,中华文明是如何在具体情势下既吸收了外来文化、制度与思想,同时又保持了"民族本来之地位"的。

七、文明的总体历史：
陈寅恪史学传统的历史社会学意涵

社会学是围绕工业革命以来现代性的发端与资本主义文明的演进这一主题而渐次展开的,进而呈现逐渐专业化、细分化与实证化的总体趋势。中国社会学学科的发展过程,也是我们不断吸收西方学术体系中的前沿理论概念与知识体系,同时不断围绕中国社会的一系列基本问题展开研究并渐次积累的过程。与此同时,在漫长的学术发展过程中所产生的经典研究传统之于今天的学术研究有怎样的意义也就成为我们必须思考与面对的问题。在本章中,笔者将陈寅恪史学研究传统放置于古典社会学的理论视域中加以考察,并通过对其著述史的梳理与文本内容的阐释,试图理解陈寅恪史学研究的问题意识、研究路径及其所具有的社会学意涵。在全文最后,我们将从下述方面,对这一"不古不今之学"的学术传统展开总结,并讨论其与今天社会学之间的内在关联。

(一) 总体与个案:从"史学三变"到文明发生学

在今天的人文社会科学研究领域,普遍存在着个案研究与总体阐释之间的内在张力。一个具体的个案研究,究竟在何种意义上具有总体性? 围绕这一问题,社会学与历史学均展开过讨论①，并取得了一些共识。正如渠敬东所指出的，个案研究是典型性逻辑而非代表性逻辑，其本身是一种解释性建构的完整过程，也具有超越个案的社会全体意涵。②

由是观之，尽管陈寅恪的研究领域之广几乎已囊括了人文社会科学的全部议题，而且其研究大都以细密乃至略显繁复的考证呈现出来，但其内在的总体性却并非余英时的"史学三变"之说可以完全涵括的，因为这些研究始终是以渊源流变为主题，并具体在不同层次、不同研究对象以及不同研究时段上展开的。其一，他对佛教传播史的考察实际上是考察中国思想形态同外来思想碰撞交融所发生的演化，并以此离析儒释道的历史渊源；其二，陈寅恪通过对佛教传播史和隋唐俗文学的研究，揭示外来思想究竟通过何种载体与中国本土文化相融合，同中国传统社会伦理和风习民情相调适，并不断在具体历史的演化中孕育新的民情形态；其三，陈寅恪的制度史与政治史研究尤其关注特定的地理文化区域与社会群体，究竟如何在胡汉杂糅、中原板荡的历史局面下，在与其他源流的文明类型交互作用中，使得华夏文明的民族性（制度与文化）得以存续、保持和发展。更为重要的是，在笔者看来，思想、风俗与制度这三个理解陈寅恪史学研究的关键词并非孤立存在，而是在文明演进的过程中相互作用、相互影响，上述三者之间存在密切的

---

① 可参见王奇生：《高山滚石——20世纪中国革命的连续与递进》，《华中师范大学学报》(人文社会科学版)2013年第4期，第96—106页；杨善华、孙飞宇：《"社会底蕴"——田野经验与思考》，《社会》2015年第1期，第74—89页；曹树基、王奇生、黄道炫：《理论运用的限度——中共党史研究方法反思对谈》，《苏区研究》2019年第6期，第5—12页；渠敬东：《迈向社会全体的个案研究》，《社会》2019年第1期，第1—36页。
② 渠敬东：《迈向社会全体的个案研究》，《社会》2019年第1期，第1—36页。

内在关联。从陈寅恪的研究来看:他关于宗教思想的研究,既关涉风俗民情的演变,亦关乎政治局势的变化;而他关于社会风俗的研究,既与宗教、义学相关,又同时"寓风俗于制度"之中;最后,他的制度与政治研究,一方面通过对因子与源流的分析呈现文明演进的动态历史进程,同时,又通过对作为制度担纲者的社会集团的政治行动及其精神气质的考察,来解释文明演进的微妙机制。除此之外,如本章开头"引文二"所示,陈寅恪固然关心所谓文明问题,但他明确指出,若要研究理想抽象之物的纲纪,则必须对作为其载体的制度等其他方面展开探究。也正是在这个意义上,思想、风俗与制度构成了理解其总体史意涵的三个关键词。

因此,陈寅恪的史学研究的实质在于理解不同文明类型之间的彼此关联与交互作用,并借此揭示包括宗教、制度、思想、风俗、民族等要素在内的华夏文明是如何在交互作用下不断生成的。因此,陈寅恪关于文明发生学的问题意识与韦伯的比较文明研究有着内在的一致性。如果说韦伯通过宏观比较分析来揭示文明类型、宗教形态与社会经济制度之间的选择性亲和的话[1],那么陈寅恪则是以中国文明本身的发展演化为核心展开研究的。透过他的研究视域我们可以看到,华夏文明在具体历史中,尤其是在魏晋隋唐之际,被内外各种不同民族和文化包围着,这些民族和文化有时进入权力中心,儒家文化也常常从中心退出,缩在某一地域,适时再进入中心。正是这些进退的具体历史,给文明的存续和制度的易变提出了更多的挑战,而应对这一挑战的过程,恰恰是文明发生

---

[1] 马克斯·韦伯:《中国的宗教;宗教与世界》,康乐、简惠美译,广西师范大学出版社2004年版。

的历史过程。①

(二) 经验与观念:从社会集团到历史担纲者

今天的社会学研究越来越追求通过各种方法建立因果解释机制,但同时也容易陷入权力-利益的阐释模式,即在对社会现象与社会行动进行解释的时候,往往归因于基于经济利益和权力欲望在内的利害,却在无形中消解掉了对理念层面的阐释,也缺少对观念形态和韦伯意义上的世界图像②足够的具体考察并将其与可见的行动、事件与结构建立起有机关联。因此,今天的社会学往往在经验与观念之间存在着内在张力,同时在具体的研究中又会出现

---

① 在这里,需要进一步说明的是,本文并非意指陈寅恪将他所关注的魏晋至隋唐的中古史作为中华文明的发端,这里的文明的发生学具体包括下述两层含义:第一,陈寅恪的研究内在具有围绕文明生成问题的总体关怀,这一研究关怀和他关于文学、制度、政治、宗教、风俗等的诸多具体议题密切相关;第二,陈寅恪的史学研究,重点在于以察其渊源、观其流变的方式理解中国文明的演进过程。因此,这一研究取向内在蕴含着绵延的历史观,陈寅恪只是在绵延的历史中寻找那些构成关键节点且具有总体性的历史节点展开研究。实际上,如果我们将视野放得更宽就会发现,在人文社会科学的经典研究传统中,埃利亚斯的《文明的进程》内在含有类似的主题。埃利亚斯明确使用文明的发生学来概括自己的研究,在他看来,西方现代文明的起源并非直接以工业革命为变节点,他通过自己独特的研究,重点讨论了欧洲中世纪以来从个体行为到国家形态的总体演变进程,并将这一社会历史过程称为"国家与个体的文明化进程"。参见诺贝特·埃利亚斯:《文明的进程:文明的社会起源和心理起源的研究》,王佩莉、袁志英译,上海译文出版社 2009 年版。实际上,无论是埃利亚斯抑或陈寅恪,具体将哪一时间段作为理解现代文明的起点并不是他们关切的核心问题,对于他们而言,理解历史演进的绵延性,并通过对具体研究对象的细致分析来呈现文明演进背后的社会逻辑,才是他们的问题意识所在。也正是在这个意义上,笔者才将陈寅恪的总体史观以文明史观加以概括,并用文明的发生学来概括其问题意识。
② 韦伯明确指出,直接支配人类行为的是物质上与精神上的利益,而不是理念。但是由理念所创造出来的世界图像,如铁道上的转辙器,决定了轨道的方向。参见马克斯·韦伯:《中国的宗教;宗教与世界》,康乐、简惠美译,广西师范大学出版社 2004 年版,第 413—550 页。

结构与行动的张力。在这一点上,陈寅恪在史学研究中以社会集团为核心的分析路径就极具启发意义。

如前文所述,社会集团是一个涵括区域、种族、文化三重要素的复合概念,在隋唐之际产生过重大政治作用的关陇集团就是这样一个长时间在关陇本位政策下形成的胡汉杂糅、聚集于关陇一隅之地、善骑射、汉文化程度相对较低同时又掌握着朝野军政大权的社会集团。① 实际上,对不同类型社会集团的关注背后乃是陈寅恪对文化与精神气质的观照。在他看来,理解制度与政治演化固然要厘清"政治党派之分野",但更要从血缘与文化两个角度来理解某一社会集团所具有的精神气质,并以此理解他们的政治实践是如何改变制度并重塑文明形态的。陈寅恪围绕科举制兴起所做的讨论除了揭示制度兴起背后的政治动因之外,也道出了文明演进层面的微妙变化:科举制的兴起,是"汉文化更高、社会地位更高"的山东士族取代"汉文化较低、唯政治地位高"的关陇集团的过程,这既是经验层面的权势转移,亦是观念层面的文化继替。

由此,陈寅恪的社会集团的研究路径和韦伯通过对不同历史担纲者来完成比较文明研究的路径存在内在一致性。② 韦伯通

---

① 陈寅恪:《隋唐制度渊源略论稿·唐代政治史述论稿》,生活·读书·新知三联书店 2015 年版,第 156—157 页。
② 需要说明的是,笔者在这里将韦伯与陈寅恪联系起来讨论,并不是说他们分别使用的社会集团和担纲者两个概念可以等而观之,因为,韦伯所谓的担纲者在其研究中的具体所指乃是清教徒和官僚士大夫,而陈寅恪所谓的社会集团则是一个混合了地域、血缘与文化的复合概念,两者并不可完全等齐观。但重点在于,韦伯与陈寅恪都通过对某一理想类型意义上的身份群体的深入考察,一方面把握住了在文明生成与制度(转下页)

过对清教徒的考察,在资本主义制度与基督新教的宗教伦理之间建立起了选择性亲和,并以此回应资本主义文明何以率先在西方产生的问题意识。同样,无论是在关于中国文明的研究中,抑或是在关于印度文明的研究中,韦伯都是在文明形态何以可能这一问题意识下,通过对关键制度担纲者(例如中国的官僚士大夫阶层)精神气质(ethos)的探究,来揭示不同制度形态的伦理与文明基础。[①]

综上所述,陈寅恪的史学研究中非常关注构成制度节点的历史事件以及在文明存续中起着重要作用的社会集团,他通过对特定社会集团在宏观结构中的位置的剖析和他们在政治过程中的行动的考察,在理解其政治浮沉与关键政治实践的基础上,勾勒出作为本位的民族性的实质形态,以及这一实质形态在具体社会历史变迁中的演进历程。因此可以说,这一研究路径既突破了结构与行动的藩篱,也在经验与观念之间建立起了内在关联,同时具有极强的古典社会学意涵。

(三) 制度与民情:民族本位与文化自觉

渠敬东曾指出,从社会学的诞生之初看,这是一门分别将观念与经验、现实与历史、制度与民情、国家建制与民族融合、今天强行划分开的所谓社会科学与人文科学相结合,从而奠定一种既有经

(接上页)流变中起着重要作用的独特类型的群体;另一方面他们对某一典型群体的考察还从及物层面涉及及心层面,深入剖析并呈现了这一群体复杂的思想倾向与精神气质,并敏锐地揭示了其汇入制度精神的历史进程。当然,围绕这一点,尚有一系列问题有待进一步讨论,例如,韦伯的担纲者概念、身份群体概念与陈寅恪的社会集团概念、社会阶级概念之间的关联等。限于本章主题和篇幅,笔者在此不再展开,将另文论述。
[①] 马克斯·韦伯:《中国的宗教;宗教与世界》,康乐、简惠美译,广西师范大学出版社2004年版,第413—550页。

验生命,又有精神传统的总体科学。① 在社会学的理论意涵中,制度与民情乃是文明的一体两面:没有对习俗与礼仪的讨论,也就没有孟德斯鸠对法律秩序与政体类型的社会基础的经典研究②;没有对北美殖民地市镇自治传统这一民情状况的考察,托克维尔也就无法完成对美国民主制度的社会学研究③;如果缺少对法国大革命时期社会思潮与大众政治文化的实质理解,马克思也就无法透彻剖析当时法国错综复杂的政治形势与阶级斗争④。

由此,陈寅恪史学研究中文明发生学的问题意识,正是借由对民情和制度的总体理解而实现的。在陈寅恪的研究框架中,宗教形态、学术思想经由士人群体的著述写作和经世实践以俗文学、本土宗教等多种方式为载体与中国传统社会的伦理形态相适应,并最终成为中国思想体系的一部分。而在冲突不断、民族交融的中古历史情境中,在诸社会集团相互角力的政治斗争与权力更迭这些表面现象背后,恰恰是胡汉交融、制度衍生与文明存续的历史进程。陈寅恪通过对社会集团的血缘世系、文化惯习的考察,通过对政治事件与制度演进的重新阐释,对文明发生学问题做了总体性回应:在具体历史进程中所形成的文明形态,究竟是由具有何种精神气质的社会集团在何种具体情势下带入历史实践中来的? 同时,这一文明形态又具有怎样的内在理念、制度要素与民情基础? 在陈寅恪的史学研究中,制度与风俗并不是孤立存在的,而是相互依存、相互影响

---

① 渠敬东:《迈向社会全体的个案研究》,《社会》2019 年第 1 期,第 1—36 页。
② 孟德斯鸠:《论法的精神》,张雁深译,商务印书馆 2009 年版。
③ 托克维尔:《论美国的民主》,董果良译,商务印书馆 2013 年版。
④ 卡尔·马克思:《路易·波拿巴的雾月十八日》,人民出版社 2001 年版;卡尔·马克思:《1848 年至 1850 年的法兰西阶级斗争》,人民出版社 2015 年版。

的——正是在隋唐这一巨劫奇变之际,在制度更易、文化冲突、民族交融的历史情境之下,社会风俗的变化成为历史的必然结果,同时改易后的社会风俗也成为塑造未来制度与文明的基础逻辑。

如本章开篇"引文一"所言,陈寅恪始终强调华夏文明在"吸收输入外来之学说"的同时"不忘本来民族之地位",后来学术界也曾以民族本位来对陈寅恪的学术思想进行理解和概括。然而,陈寅恪所谓的民族本位并非血统意义上的种族主义,而更多是文明史意义上的民族性问题。正如陈怀宇所指出的那样,在这一问题上,陈寅恪有着较为鲜明的赫尔德历史主义色彩。因为在赫尔德看来,一个民族不是一个国家,而是一个文化实体,同一民族的人说共同的语言,生活在共同的地域,有着共同的习惯、共同的历史和共同的传统。①

由此,我们才能理解陈寅恪史学研究在论域上的庞杂与多样:无论是宗教思想上的碰撞还是民情风习上的冲突,抑或是社会伦理上的调适与政治权力上的争夺,这些都在具体历史时空中在文明的意义上塑造着中国的民族性。在这个意义上,陈寅恪史学研究中对于民族本位的关注,又同费孝通晚年以文化自觉为核心的学术省思有内在关联。周飞舟指出,文化自觉是费孝通晚年"第二次学术生命"学习和思考的总成果,这其中既有对农村发展和民族关系等现实问题的思考,也包含对个体与社会关系、个人与文化惯习的理论省思。② 费孝通所提出的文化自觉,强调要能够理解有

---

① 陈怀宇:《在西方发现陈寅恪:中国近代人文学的东方学与西学背景》,香港三联书店有限公司 2013 年版。
② 周飞舟:《从"志在富民"到"文化自觉"——费孝通先生晚年的思想转向》,《社会》2017 年第 4 期,第 143—187 页。

着五千年历史和独特伦理形态的中国文明与中国社会,实质上是在整体上反对将东西方关系看作传统和现代关系的单线进化论思路。[1] 也正是在这个意义上,费孝通提出要扩展中国社会学的研究界限,将中国本土社会的历史、文明、人心秩序等纳入社会学的研究范畴,并以此推进社会学本土化的历史进程。[2]

综上所述,陈寅恪立足于民族本位,着眼于文明发生学问题意识的研究传统不仅有古典社会学的深刻意涵,同时也构成我们今天建设有中国特色的社会学学科体系与话语体系的重要理论资源。陈寅恪游学欧美,无论是对历史比较语言学,抑或是东方学,乃至赫尔德的历史主义,都颇具功底,并深谙西方人文社会科学领域的概念体系与理论传统。但陈寅恪在开展自身的学术研究之时,并未单纯套用某种理论视角与概念工具对中国绵延的历史、文明与社会进行切割与剪裁,而是深入中国思想体系、社会风俗与制度形态的内在机理,同时又充分重视中国文明与其他文明类型的交融碰撞过程,通过一系列环环相扣、层次分明的具体研究,为我们揭示了文明发生的总体面貌。不仅如此,尽管陈寅恪并未像其他学者那样明确指出究竟哪一个历史时期构成现代中国的关键变节点[3],但他却以绵延的时间观和演进的文明观从不同层面揭示了历史变迁的动态过程。

---

[1] 费孝通:《从反思到文化自觉和交流》,载《费孝通全集》第16卷,内蒙古人民出版社2009年版,第251—258页。
[2] 费孝通:《试谈扩展社会学的传统界限》,《思想战线》2004年第5期,第1—9页。
[3] 例如,很多学者均将宋代作为理解中国现代型生成的关键时期。以内藤湖南为代表的日本京都学派将宋代定义为中国"近世的开始",参见内藤湖南:《概括的唐宋时代观》,载刘俊文主编:《日本学者研究中国史论著选译》第1卷,黄约瑟译,中华书局1992年版,第10—18页。

正是在这个意义上,我们才能理解"不古不今之学"的实质意涵,不再只以怀古式的情怀和纪念碑式的尊崇来面对包括陈寅恪、韦伯等在内的经典研究传统,而是将其作为我们重新激活社会学研究的学术想象力与思想生命力,开拓新时代中国社会学研究新局面的思想资源,进而回应费孝通晚年提出的文化自觉的学术担当与时代命题。

第四章　身体技术与民族国家
——埃利亚斯历史社会学路径的启示

一、埃利亚斯：一个被遗忘的历史社会学传统

社会学家已经退回到了"当下"。①

当德国社会学家诺贝特·埃利亚斯在他1987年公开发表的一篇文章中写下这句话时，这几乎就注定成为一种类似于历史社会学宣言式的金句。但与此同时，这又不能说是一句很容易让人感到困惑的话，因为对当下的社会现象和社会问题做出结构性与机制性阐释，本身就是社会学的题中应有之义。那么，埃利亚斯为何会对当时的社会学家提出上述尖锐的批评呢？

实际上，埃利亚斯意在扭转当时社会学家过分聚焦于现实问题的倾向，力图通过将历史视野带回社会学研究以重新激活社会学的想象力，他的这一努力贯穿其学术生涯始终。埃利亚斯一生

---

① Robert Elias, "The Retreat of Sociologists into the Present", *Theory, Cultures & Society*, Vol. 4, No. 2, 1987, pp. 223-247.

著述颇丰,所涉领域广泛,既有《文明的进程》[①]这样的理论著作,亦有包括《局内人和局外人》[②]、《德国人》[③]此类以民族国家和身份认同为核心议题的社会学著作,还有诸如《莫扎特的成败》[④]等音乐社会学作品。

埃利亚斯有着诸多名号和标签:一方面,他的社会学因其独特的问题意识和研究路径而被理解为关于型构(figurations)的社会学[⑤];另一方面,埃利亚斯关于文明化身体的论述被归为身体社会学的代表作品[⑥]。抛开这些标签不论,埃利亚斯的著作实质上带有着强烈的历史取向。正因如此,丹尼斯·史密斯在《历史社会学的兴起》一书中将他列为战后历史社会学第二阶段发展的思想源泉。[⑦] 但是埃利亚斯却并未被后来成为分支社会学的历史社会学界完全承认,例如,西达·斯考切波在《历史社会学的视野与方法》一书中,就对埃利亚斯及其著述只字未提。[⑧]

随着近年来历史社会学在国内学术界的渐渐兴起,越来越多

---

① 诺贝特·埃利亚斯:《文明的进程:文明的社会起源和心理起源的研究》,王佩莉、袁志英译,上海译文出版社 2009 年版。
② Robert Elias, John L. Scotson, *The Estanblished and the Outsiders*, Dublin: University College Dublin Press, 2008.
③ Robert Elias, *The Germans: Power Struggles and the Development of Habitus in the Nineteenth and Twentieth Centuries*, New York: Columbia University Press, 1996.
④ 诺贝特·埃利亚斯:《莫扎特的成败:社会学视野下的音乐天才》,米歇尔·史洛德编,吕爱华译,广西师范大学出版社 2006 年版。
⑤ 丹尼斯·史密斯:《埃利亚斯与现代社会理论》,李康译,北京大学出版社 2011 年版,第 1 页。
⑥ 克里斯·希林:《身体与社会理论》,李康译,北京大学出版社 2010 年版,第 143 页。
⑦ 丹尼斯·史密斯:《历史社会学的兴起》,周辉荣等译,上海人民出版社 2000 年版,第 6 页。
⑧ 西达·斯考切波编:《历史社会学的视野与方法》,封积文等译,上海人民出版社 2007 年版。

的研究者围绕历史社会学的知识传统、学科属性、学科边界等议题展开了讨论。这些文献综述意义上的讨论各自有所侧重,有的侧重于对国内历史社会学现状的讨论[①],有的则重点引介西方历史社会学的理论传统[②],同时亦有围绕历史社会学的总体形态展开的讨论[③]。然而,上述讨论中却同样鲜有围绕埃利亚斯的讨论。除此之外,国内社会理论研究界也对埃利亚斯展开了相关的研究,这些研究大都围绕其文明化理论展开,有的集中于对羞耻感与文明化进程关系的探讨[④],有的则讨论其文明化分析模式与社区研究之间的关联[⑤],但都鲜少涉及埃利亚斯的历史社会学路径。尽管埃利亚斯本人从未将历史社会学作为其最重要的学术标识,但是其研究路径,却因为始终聚焦于人类社会发展的长期过程而具有鲜明的历史社会学色彩。

我们知道,自20世纪60年代中后期直至70年代,历史社会学在美国的兴起实质上是对当时以帕森斯和拉扎斯菲尔德为代表的静态的结构功能主义社会学的反思,巴林顿·摩尔、查尔斯·蒂利、西达·斯考切波等学者明确提出了社会学的历史想象力,并由此开启了二战后美国历史社会学的兴起之路。恰恰是在这一时期,埃利亚斯的《文明的进程》重新出版并且迅速产生了广泛

[①] 参见应星:《略述历史社会学在中国的初兴》,《学海》2018年第3期。
[②] 参见郭台辉:《历史社会学的三种研究导向》,《天津社会科学》2019年第3期。
[③] 参见李里峰:《社会史与历史社会学——一个比较的反思》,《学海》2018年第3期;赵鼎新:《时间、时间性与智慧——历史社会学的真谛》,《社会学评论》2019年第1期。
[④] 王佳鹏:《羞耻、自我与现代社会——从齐美尔到埃利亚斯、戈夫曼》,《社会学研究》2017年第4期。
[⑤] 杨渝东:《社区与文明化理论——埃利亚斯的"局内人—局外人"理论及其反思》,《学术研究》2015年第12期。

的影响,实质上构成了历史社会学在战后复兴的重要理论源泉。

不仅如此,埃利亚斯以《文明的进程》为代表的社会学研究,实质上既是一种型构社会学的研究,同时亦是从渊源流变角度展开的有关文明形态的过程性研究,这本身对笔者展开关于共产主义文明的制度源流研究有着较大的启发意义。由此,我们如何理解埃利亚斯这样一位社会学家?埃利亚斯的社会学研究,对于我们理解西方历史社会学的产生、发展与理论传统有着怎样的意义?其理论体系、问题意识与方法路径又对今天面对中国历史与文明的历史社会学有着怎样的启发?上述问题,都是今天我们需要讨论与面对的。

二、《文明的进程》的双重议题:
埃利亚斯问题意识中的断裂与统一

> 目前,社会学所感兴趣的是较短时期内的社会进程,特别是一些与现时社会有关的问题。总的来说,关于社会结构和个人结构长期变化的问题目前还无人问津。这本书所要研究的正是这种长期的社会发展进程。[1]

如上述引文所言,埃利亚斯认为社会学更多关心较短时期内的社会进程和与现时社会有关的问题,而对长时段的社会发展进

---

[1] 诺贝特·埃利亚斯:《文明的进程:文明的社会起源和心理起源的研究》,王佩莉、袁志英译,上海译文出版社2009年版,第2页。

程缺少足够的关心。埃利亚斯的这段话,实质上构成了我们理解《文明的进程》的起点。

《文明的进程》(以下或简称《文》)被称为"21世纪的社会学"[1]。然而,这一著作在取得了巨大影响力的同时,也给我们提出了如下问题:

其一,埃利亚斯曾经指出,社会学家应当考虑具有过程性质的关系网络或型构[2],那么,究竟如何理解型构这一看上去晦涩而抽象的概念术语?埃利亚斯究竟又是如何从型构的视角来剖析其所谓文明化进程的?埃利亚斯对构成型构的诸种社会要素的分析与帕森斯的结构功能分析路径有何差异?

其二,《文明的进程》分为上下两卷,上卷从大量以往不为人重视的史料中描绘了西方社会中人类日常行为的文明化过程,即人类行为方式的变化,包括人的举止表情、心理结构、情感表达等等。埃利亚斯认为,这一个体羞耻感的不断增强和对个体情绪不断控制的过程,也就是文明化进程的具体表现;而《文》下卷则主要讨论了欧洲中世纪之后各个专制主义王权国家的社会形成机制。这样一种文本结构带来了理解上的困惑,即《文》上下两卷之间究竟是何种内在关联。实际上,人们更容易被其上卷中所勾勒的人类个体行为的文明化进程吸引,因而更多将埃利亚斯的社会学同身体规训联系在一起,更多从心理机制和个性结构角度来展开讨论:有的以文明化的身体规训和自我强化机制来贯穿理解埃利亚斯的

---

[1] 诺贝特·埃利亚斯:《文明的进程:文明的社会起源和心理起源的研究》,王佩莉、袁志英译,上海译文出版社2009年版。
[2] Robert Elias, *What Is Sociology*? London: Hutchinson, 1978.

《文明的进程》与《宫廷社会》[1],有的则将其著作中对个体行为的羞耻感、对不断形成的新的礼仪规范的追逐感同自我认同的现代社会学命题联结在一起[2]。这样一种理解方式无可非议,但也忽视了《文》下卷中所讨论的重要问题,即专制主义封建国家的形成过程。那么,究竟缘何会出现这种割裂式的理解呢?要回答这一问题,就要回到问题意识层面,从这本著作中个体行为与国家形成这一双重主题的分离与统一来做总体性理解。

《文》的副标题为"文明的社会起源和心理起源的研究",所谓心理起源,指人类个性结构发展与行为方式变化;而所谓社会起源,则是指包括阶层、职业等在内的诸多社会分类机制和权力结构的长期变化。如果我们只是从副标题看,似乎心理起源对应的是该书的上卷,而社会起源则对应的是该书的下卷。但是,埃利亚斯在该书序言中明确指出:

> 在这本书末尾暂定的文明理论草案中对朝着情感控制越来越严格、越来越细腻方向发展的个人结构长期变化和把人凝聚在一起的社会形态的长期变化之间所可能存在的联系提出了一个模式。这种社会形态是朝着更高水准的多样化和统一化,如朝着人与人之间互相依赖的细腻化和不断加强,朝着

---

[1] 克里斯·希林:《身体与社会理论》,李康译,北京大学出版社2010年版,第146—155页。
[2] 王佳鹏:《羞耻、自我与现代社会——从齐美尔到埃利亚斯、戈夫曼》,《社会学研究》2017年第4期。

"国家控制"不断稳固的方向发展的。[1]

从文本结构上看,《文》一书确有身体与国家两个主题:一方面,埃利亚斯勾勒了西方从中世纪初期直到中世纪末期以控制自身行为为核心的文明的演进过程,并重点论述了这种文明进程本质上是自我控制行为的不断加强过程,并以此回答"西方人为什么自中世纪以来个体行为举止越来越礼貌和文明,每个个体的个性结构都在朝着压抑自己本能冲动的方向演进"这一问题[2];另一方面,《文》的下卷则提出了一个完全不同的问题,即进入中世纪后期之后,欧洲为什么渐渐走出了过去"分裂—集中与战争—再度分裂"的循环,脱离了以领主分封为核心的封建制度,渐渐形成了有着相对稳定的中央政权的君主专制国家[3]。因而,埃利亚斯要讨论的乃是形塑上述两个现象的共同社会过程:在长时段的历史时空中,为什么个体行为的愈发文明与君主国家的愈发稳定同时出现?究竟是怎样的社会机制在起着作用?又是如何在具体历史中不断发展演化的?

在几个世纪里,国王或国君的职能取得了专制的形态,同时情感有节,行为有度,可以说行为的"文明"也使人感到有了

---

[1] 诺贝特·埃利亚斯:《文明的进程:文明的社会起源和心理起源的研究》,王佩莉、袁志英译,上海译文出版社2009年版,第3页。
[2] 诺贝特·埃利亚斯:《文明的进程:文明的社会起源和心理起源的研究》,王佩莉、袁志英译,上海译文出版社2009年版,第1—230页。
[3] 诺贝特·埃利亚斯:《文明的进程:文明的社会起源和心理起源的研究》,王佩莉、袁志英译,上海译文出版社2009年版,第231—418页。

明显的强化,这种情况不能视之为时间上的偶然并列。上卷所汇集的语录便是这种行为变化的证明;它们清楚地表明,这种变化和等级社会的形成有着何等密切的关系。这种社会的至尊便是那拥有绝对权力的国君,从广义的角度来讲,便是国君的官廷。①

那么,埃利亚斯是否从两个看似分裂的主题中找到了共同的历史与社会演进逻辑呢? 理解埃利亚斯所做的这一努力,不仅是理解其历史社会学路径的关键,也是我们今天重新整理西方历史社会学的思想传统过程中不可忽视的部分。笔者将从身体技术与专制国家两个主题入手,分别展开讨论。

三、身体技术的历史演进:理性人的社会生产

这些例子就像一些快镜头,在短短的几页中便展现了几个世纪以来,在同一生活范围内,人的行为标准是如何逐渐朝着特定方向发展的;展现了人们如何就餐、如何就寝,又是如何与别人发生争斗的。②

如上所言,《文》的核心议题之一在于身体技术。所谓身体技

---

① 诺贝特·埃利亚斯:《文明的进程:文明的社会起源和心理起源的研究》,王佩莉、袁志英译,上海译文出版社2009年版,第3页。
② 诺贝特·埃利亚斯:《文明的进程:文明的社会起源和心理起源的研究》,王佩莉、袁志英译,上海译文出版社2009年版,第2页。

术,用莫斯的话来说,就是"人们在不同的社会中,根据传统了解使用他们身体的各种方式"[1],因而,埃利亚斯恰恰揭示了欧洲人使用自身身体方式的持久而微妙的变化。

埃利亚斯列举了翔实的史料去分析人身体行为的特点,例如就餐中的礼仪(包括吃肉食、关于刀叉等的使用)、擤鼻涕、吐痰乃至卧室内的行为等,他勾勒了这些行为在较长历史跨度中的细微变化,而整个文明化的过程也就浓缩在这些身体行为的变化之中。[2]

埃利亚斯发现,在西方中世纪早期,个体的文明行为只是存在于极少数宫廷王室之中,而弥散于大部分社会阶层中的乃是各种以现代观点看来不文明的行为:吃饭的礼仪(用手直接抓取食物而不是使用餐具)、直接用手擤鼻涕等乃是大部分人的普遍状态。这一状态到文艺复兴时期,从意大利、法国等国家开始出现了变化,越来越多的人开始使用刀叉进餐。文艺复兴后期,这一文明化的过程越发明显,越来越多的礼仪规范开始出现,原先以方便而非文明为核心的个体行为开始进入私人领域。

如果从观念的进程来看,文艺复兴以及后来的启蒙运动的核心是发觉人的理性,同时给西方文明注入了新的观念逻辑:人的行为举止和各种外在表现,特别是礼貌的程度,体现的是一个人的心灵与理性程度。然而,面对这一在今天看来不言自明的逻辑与观念,埃利亚斯恰恰提出了重要的问题:这一个体行为的普遍文明化

---

[1] 诺贝特·埃利亚斯:《文明的进程:文明的社会起源和心理起源的研究》,王佩莉、袁志英译,上海译文出版社2009年版,第301页。
[2] 诺贝特·埃利亚斯:《文明的进程:文明的社会起源和心理起源的研究》,王佩莉、袁志英译,上海译文出版社2009年版,第68—217页。

过程的社会发生过程究竟是什么?

埃利亚斯明确指出了文明化背后的本质,即节制自身欲望的机制不断强化的过程:这是个体对冲动、对直接的感情用事以及本能的欲望和攻击性的一种自我调节机制,也是对羞耻、难堪的心理体验并由此而产生的心理机制,这一机制在日常生活中不断形塑着人们的行为举止,使越来越多的人开始掌握这一文明化的身体技术。进而,埃利亚斯进一步追问:这样一种个体行为的文明化与自我强化的心理机制的形成,背后有着怎样的社会结构性要素?

这一围绕社会发生过程展开追问的问题意识,构成了其整个社会学研究的最与众不同之处——法国著名思想家福柯曾经围绕身体技术、权力技术等问题展开了非常精彩的论述。福柯的著作《规训与惩罚》和《疯癫与文明》都是围绕这一论题展开的。福柯在《规训与惩罚》中指出:

> 工厂、学校、军队都实行一整套微观处罚制度,其中涉及时间(迟到、缺席、中断)、活动(心不在焉、疏忽、缺乏热情)、行为(失礼、不服从)、言语(聊天、傲慢)、肉体(不正确的姿势、不规范的体态、不整洁)、性(不道德、不庄重)。与此同时,在惩罚时,人们使用了一系列微妙的做法,从轻微的体罚到轻微剥夺和羞辱。[1]

因此,福柯的问题意识在于现代刑罚体系是如何采用种种权

---

[1] 米歇尔·福柯:《规训与惩罚:监狱的诞生》,刘北成、杨远婴译,生活·读书·新知三联书店 2003 年版,第 202 页。

力技术,来规训、管理、控制人的身体的,并借此揭示了以现代和理性为名的刑罚体系的实质机制。与之不同,埃利亚斯将关于理性人的生产术这一问题意识向前推进了一步:这样一种对个体行为和情感的自我控制机制是如何历史地形成的?他敏锐地破解了上述自我控制机制和理性人的生产术得以衍生的社会密码:人口的增加、生产力的发展与长途交通工具的出现等社会结构性要素在文明化进程中发挥着重要作用。

其一,商人、市镇和自由民的出现。随着人口的增加和生产力的发展,原本为满足自身和家庭需求的生产出现了越来越多可以用于交换的剩余,进而出现了新的职业阶层,即商人;并出现了越来越多在市镇生活和居住的商人与市民阶层。

其二,随着商人阶层的崛起和长途交通工具的发展,商业与贸易繁荣起来,人们对货币的需求量大大增加,而这同时意味着对人类理性计算能力的更高要求。不仅如此,更广地域范围和文明范围的商业贸易往来的增多,也在实质上要求每个个体对自身的冲动、情绪性反应加以控制和压制。

其三,上述诸因素在长时段历史时期内的叠加作用与演化,本质是从自给自足的自然经济到越发细密的社会分工时代的转型。埃利亚斯认为,在自给自足的自然经济条件下,整个社会尽管存在着交换、依赖与协作,但是这种相互依存的程度并不高,人与人之间的关系链条简单而直接,交换等多以物易物的方式完成,或者依靠武力进行掠夺。然而,随着社会分工开始越发细密,物与物之间的交换过程环节开始增加,新的行业(商业)的出现,新的交换形式(货币)的出现,新的人群聚居地(市场、市镇)的出现,它们相互影响,实质上意味着人与人之间的依赖关系变得更为紧密,也更为复杂。在社会分工越发细密的情况下,个人攻击性的监控和调节变成了共同生活不可或缺的前提。情绪的监控只有通过自我强制才会有效。后者会使得攻击性的冲动得以遏止,抑或将攻击性的情绪扼杀于萌芽之中。因此,埃利亚斯指出:

> 鉴于其行为的深远后果而对其眼前的情绪与本能的冲动加以克制;它们在个人身上——相对于另外的标准——培养一种均衡的自我控制,后者如同一枚坚固的指环,将其全部的行为镶嵌其中;并按照社会的标准对其本能进行坚持不懈的调节。在这当中,在人的身上培养一种审慎的态度,培养对本能与情绪的调节机制,不仅仅直接是成年人的职能;而且成年人通过自己的行为方式和习惯,半是自动半是自觉地为孩子在制造相应的行为方式和习惯……形成一种"理性",形成一种细致而稳定的"自控";以致一部分被抑制的本能冲动和情绪根本不再直接被意识到。[①]

由此,埃利亚斯在《文》上卷中,在勾勒了身体技术在西方历史发展进程中的文明化趋势的同时,也揭示了这一趋势的本质:个体在漫长时期内个性结构的普遍变化以及自我控制与强化机制的生成。然而,埃利亚斯并没有将这种变化单纯地从观念角度展开讨论,而是从人口增加、生产力发展、新社会阶层涌现、社会分工紧密

---

① 诺贝特·埃利亚斯:《文明的进程:文明的社会起源和心理起源的研究》,王佩莉、袁志英译,上海译文出版社 2009 年版,第 451 页。

等一系列社会结构性要素角度给出了社会学阐释;同时,这些结构性要素并非孤立地发挥着某种作用,而是历史地、有机地相互联结在一起,产生着型构的作用。正如丹尼斯·史密斯所言:

> 型构和过程强有力地塑造着个体和群体的心理构造[或称"惯习"(habitus)],并影响到他/它们有多少能力实施控制:控制自身,控制他人/其他群体,控制自然。①

四、专制国家的社会逻辑:稳定君主政权的结构要素

在《文明的进程》下卷中,埃利亚斯用同样的研究路径与分析视角回答了这样一个问题:为什么自中世纪中后期开始,西方渐渐出现了有着相对稳固的君主政权的专制主义国家?若要理解埃利亚斯对这一问题的回答,就需要首先对如下历史背景加以了解。

一方面,埃利亚斯这里所谓的国家,并非现代意义上的西方国家形态,而是指中世纪后期形成的相对稳定而高度集权的君主专制国家;另一方面,欧洲中世纪早期的封建制度存在着内在的离心力,这种离心力表现为埃利亚斯勾勒出的历史循环,即分裂—集中与战争—再度分裂的循环。

进而,《文》下卷中通过对社会结构性要素的分析揭示了这一

---

① 丹尼斯·史密斯:《埃利亚斯与现代社会理论》,李康译,北京大学出版社2011年版,第4页。

历史循环的内在动因:

其一,在中世纪早期,国王并不具备管理大片领土的技术手段,占统治地位的经济形式是社会分工程度较低的自然经济,国王为了完成对各个封建领主的统治,最重要的分配手段和分配要素都是土地而非货币。

其二,上述社会历史状况造就了下述普遍事实:封建领主在分得土地之后,在经济上可以渐渐摆脱中央领主,并不仰仗中央领主的供给。地方领主和有实力的武士一直谋求巩固对其所辖地区的统治权。因此,总有武士崛起为中央领主,拥有广袤的土地,而又不能进行有效的治理,由此不得不将土地分给封臣。而封臣总是伺机而动,一旦发现中央领主衰弱,便会伺机独立或者进犯中央。

由此,埃利亚斯一针见血地指出了所谓封建化的社会学意涵:

> 国土从从事征伐的中央领主手中转移至武士阶层手中不过是一个名之为"封建化"的过程。[1]

但是,埃利亚斯却发现,自中世纪中后期开始,欧洲各个国家开始形成了有着相对稳固的君主政权的专制主义国家,究竟是什么原因使得这些国家渐渐走出了集中—分裂的历史循环呢[2]:

---

[1] 诺贝特·埃利亚斯:《文明的进程:文明的社会起源和心理起源的研究》,王佩莉、袁志英译,上海译文出版社 2009 年版,第 257 页。
[2] 实际上,埃利亚斯的这一意识,不仅体现在《文明的进程》这部著作中,其另一部著作《宫廷社会》也贯穿着这样的主题,其对所谓宫廷社会的关注,其实可以理解为对形成了稳定中央集权的以国王为核心的统治机制的关注。参见 Robert Elias, *The Court Society*, Oxford: Basil Blackwell Publisher Limited, 1983, pp. 146-181.

为什么在中世纪的进程中和新时代的起始阶段各个等级的参与权一步步萎缩了呢？为什么一人独尊的专制抑或"绝对"统治,为什么与之俱来的贴上官廷标签的强制在所有的欧洲国家都得以贯彻呢？为什么在欧洲所有国家的大大小小地区都由中央加以平定而成为一个个的一统天下了呢？[①]

那么,埃利亚斯又是通过怎样的分析路径来回答这一问题的呢？进而,对这一问题的系统回答,又和《文》上卷所关涉的身体技术的文明化和情感结构的自我强制之间有着怎样的联系呢？他同样是从人口、社会分工形态、社会阶层结构等要素展开分析的:

其一,人口与社会阶层。埃利亚斯认为,从中世纪早期开始,欧洲人口的增加特别是贵族人口的增加导致了脱离土地工作的人口增加,而随着脱离土地的人口增加,加之生产力的发展,促使着居住着商人和自由民的市镇的产生,商人阶层与市民阶层开始出现;交通运输方式的革命促进了商业和贸易的发展,也使商人阶层和市民阶层逐渐壮大。

其二,社会分工方式的细化。在自然经济时代,土地是最为重要的生产性资源和分配性资源,在社会分工中,人们更多是从自然界(土地)中直接取用、直接消费,很少有中间环节的过渡。但是随着社会分工的细化,越来越多的人参与到生产链条中来,发挥着生

[①] 诺贝特·埃利亚斯:《文明的进程:文明的社会起源和心理起源的研究》,王佩莉、袁志英译,上海译文出版社2009年版,第236页。

产者、加工者、运输者与分配者的各种作用。[1]

其三,上述社会结构性要素和社会分工形式产生变化的情况下,人与人之间更多依靠生产与加工、分配与运输和商业与贸易联结在一起,法律开始逐渐取代暴力成为维系社会生产和商业贸易的重要机制[2],商业税收和货币则渐渐取代土地成为重要的支配性要素。

那么,这些社会结构要素的历史衍生是如何在稳定的君主专制国家的生成中产生作用呢?埃利亚斯用了大量篇幅来讨论这一问题,总体来看,这些要素的综合历史效果体现在下述方面:

首先,以土地为直接分配方式的封建制度发生了根本变化。脱离土地的人口增加、商业贸易的繁盛与社会分工的细化意味着各个社会阶层都开始减弱了对土地的依赖。货币经济占据越来越重要的位置,意味着领主不再单纯依靠土地作为分配性要素,而更多依赖以工商业为主的货币税收。

其次,社会阶层关系出现了重大变化。随着商人市民阶层的出现,中世纪中后期的欧洲社会出现了一种新的阶层结构,即君主(宫廷)—贵族—市民(商人)。同时,由于商业的发展和货币成为分配性资源,君主已经不再单纯依靠暴力掠夺来获取土地进而实现统治,过去的自由骑士阶层渐渐缺少了自身的用武之地,演化成了宫廷贵族阶层而依附于君主。同时,不再单纯依靠土地分配的

---

[1] 诺贝特·埃利亚斯:《文明的进程:文明的社会起源和心理起源的研究》,王佩莉、袁志英译,上海译文出版社 2009 年版,第 255 页。
[2] 诺贝特·埃利亚斯:《文明的进程:文明的社会起源和心理起源的研究》,王佩莉、袁志英译,上海译文出版社 2009 年版,第 286—287 页。

封臣贵族实质上缺少了招募自由骑士为之作战的完全必要性,贵族阶层与宫廷之间的联结也愈发紧密:

> 贵族,至少是贵族的一部分,需要国王,这是因为随着独占的逐渐形成,自由武士的职能已从社会中消失;这还因为,由于货币不断交织于各个方面,光是庄园的收获——与新兴的市民阶层的水准相比——已不能维持中等水平的生活,面对日益强大的市民阶层,有着贵族体面的社会存在更不能维持。在这种压力下,一部分贵族——希望在那里找到栖身之所的人——便去了宫廷,因之便直接地依附于国王。[1]

再次,既往的行为方式发生了变化。在中世纪早期,武力是第一要素,整个社会阶层对礼仪并不重视。但是当武力和土地不再成为整个社会的支配性逻辑,而是被对理性计算和契约规则有着较高要求的商业税收取代之后,各个阶层都必须克制攻击性的欲望和本能,礼貌与文明成为整个社会的共识,也成为自身资源的来源。

最后,在上述诸因素的演化与作用之下,中世纪中后期的欧洲走出了之前不稳定循环的怪圈——中世纪早期,各个领主国乃至中央领主国内部都在不断进行竞争,其目的只有一个,就是成为独占性的大领主。这种独占在自然经济状态下具体体现为对领土的独占(查理曼帝国、神圣罗马帝国等),在高度依赖土地的情况下,

---

[1] 诺贝特·埃利亚斯:《文明的进程:文明的社会起源和心理起源的研究》,王佩莉、袁志英译,上海译文出版社2009年版,第475页。

君主形成独占的方式是分封土地,因而暂时的统一总会一再成为藩属封臣独立倾向的牺牲品。但是,当整个社会的核心逻辑从土地和武力转换为税收与贸易之时,君主通过对税务的独占摆脱了对土地和封建的依赖,也完成了对暴力的独占。因此,最终在中世纪后期出现了相对稳定的君主专制国家,恰恰是诸多社会结构性要素不断演变,最终促使以君主为核心的国家通过税务独占和暴力独占而形成的。[1] 同时,这样一种独占看上去是君主个体性的,但是当社会分工越发细密和商业税收成为主要支配性资源之后,君主无法单纯依靠少数皇室成员和近臣完成对理性计算有着高度要求的管理职能,因此渐渐从皇室家族和宫廷中发展出一整套行政管理机构,即分工明确和强大的国家机器,而这个国家机器的出现,恰恰意味着稳定的君主专制只是表面现象,它本质上意味着军事和财政的支配权渐渐从君主手中滑落,君主对行政管理机构的依赖程度日益加深。[2]

由此,埃利亚斯给出了对君主专制国家生成的社会发生学解释。他给出这一解释的历史社会学路径,恰恰是前文所提到的诸种社会结构性要素和社会联结形式(社会分工等)的变化及其具体历史效果。通过这一路径,埃利亚斯将个体文明和国家发生两个看上去毫不相关的问题贯穿起来。

---

[1] 诺贝特·埃利亚斯:《文明的进程:文明的社会起源和心理起源的研究》,王佩莉、袁志英译,上海译文出版社2009年版,第328—338页。
[2] 诺贝特·埃利亚斯:《文明的进程:文明的社会起源和心理起源的研究》,王佩莉、袁志英译,上海译文出版社2009年版,第417页。

五、源流研究:关于文明的社会发生学

> 在这一圈子的生活并非是和平的生活。在这里为数众多的人相互制约。围绕着体面与国王的恩宠所进行的竞争是剧烈的。纠纷事件,争名邀宠所引起的冲突不断。最后以刀剑作为最后裁决手段已不多见,代之而起的则是为了向上窜升和社会成功而施展阴谋,明争暗斗,唇枪舌剑。他们需要并培养出与以兵器相争所不同的品性:深思,算计长远,自制,精确调节自己的情绪,识人之明,深知内幕,所有这些都是任何一种社会成功不可缺少的前提。[①]

上述出自《文明的进程》全书最后部分"文明论纲"的引文简明而直接地概括了全书的核心问题意识,即个体行为的文明化与君主专制政权的稳定化是文明的进程的一体两面:

一方面,欧洲中世纪中后期所形成的稳定君主专制这一政治形态,实质上是建立在货币、商业发展和社会分工细密基础上的国王机制,诸种互相竞争的社会阶层不再依靠暴力的逻辑来争夺唯一的分配性资源——土地,而是在以君主为主导的中央政权行政机器调动与支配之下,通过文明的手段来争取各自的机遇,君主也需要以有目的的机会分配来使其政权保持稳定。在这样的政权结

---

① 诺贝特·埃利亚斯:《文明的进程:文明的社会起源和心理起源的研究》,王佩莉、袁志英译,上海译文出版社2009年版,第478页。

构和日益细密的社会分工结构下,各个社会阶层相互依存的程度非常之高,竞争者们因为君主对税务的独占和对暴力的消解而无法联合起来对付君主。同时,没有了以土地分封为基础的社会条件,以节制为核心的礼仪成为竞争的必备条件,原本只属于国王和宫廷的礼仪,成了各个阶层竞相追逐的规范,这才是埃利亚斯所给出的稳定的君主专制国家得以生成的社会密码。

另一方面,竞争是人类社会的普遍状态,而在中世纪中后期,这种竞争随着社会诸要素的变化日益体现为职能分工的复杂化——生产链条越长,越意味着相互协调配合,这就要求链条中的个体以可以监控的行为来配合。冲动的、本能的、情绪化的行为逐步为经过调控的、自我强制的行为所替代,个体在采取行动之时瞻前顾后,并慢慢形成了自我调控的机制。因此,无论是臣仆还是管理者抑或是作为独占者的君主,都越发需要采取审慎的态度,避免过于感情用事造成对既有秩序的破坏——因为竞争不再是封建时期那种依靠暴力的、围绕经济的自由竞争,而是在整个中央领主支配之下的一种以经济利益和经济力量进行的理性竞争,这才是个体行为文明化的实质进程。

总体来看,埃利亚斯以社会学的路径,揭示了文明化在个体情感结构到国家政治结构两个层面的社会进程。不仅如此,他的分析路径还对我们今天重新审视西方历史社会学思想资源有着重要的启发意义。

其一,历时性与发生学。二战后历史社会学开始兴起,源于巴林顿·摩尔等人将历史带回社会学的不懈努力,也和当时美国社会学界对帕森斯所构筑的静态结构分析的反思有着密切关系。实

际上,埃利亚斯曾明确批评帕森斯的社会学范式乃是一种割裂了历史的"纸牌游戏":

> 他(帕森斯)把一个社会看作某个玩牌者手里的一些牌,那么这种说法或许最接近于他的观点。在帕森斯看来,每一个社会都是纸牌各种混合的结果。然而,不管怎么混合,纸牌总是这一些。尽管纸牌组合的花样繁多,可纸牌数量则有限……《文明的进程》一书用详细的以经验为依据的文献所证实的过程,后来被帕森斯不必要地用精致的概念简化为状态。人的情感控制逐步地朝着不断强化和更有规律的方向——但决不是朝着非情感的状态——变化这样一个复杂的过程,在帕森斯那儿被简单地说成是情感与非情感两种状态的对立。[①]

由此,埃利亚斯对帕森斯的社会学传统构成了实质回应,他对文明的总体观照,及其对构成文明形态诸社会要素的发生学分析,都在努力将这样的问题意识重新带回社会学的世界:我们不仅要去追问一个社会究竟有着怎样的结构性特征,有着怎样的机制性逻辑,同时更要追问一个文明得以形成的历史脉络与社会过程。埃利亚斯这一围绕文明发生学的历史社会学问题意识,对我们今天在中国开展历史社会学研究有重要启发。

其二,结构要素与历史脉络。《文明的进程》本质上与美国宏

---

① 诺贝特·埃利亚斯:《文明的进程:文明的社会起源和心理起源的研究》,王佩莉、袁志英译,上海译文出版社2009年版,第6页。

观比较历史分析的历史社会学传统的复兴有着一定的内在关联，同时又呈现出截然不同的特点。

一方面，上述研究传统都强调将历时性逻辑引入社会学研究，同时，亦都强调通过对社会结构要素的考察来理解诸种政治与社会现象：埃利亚斯通过对包括人口增加、社会阶层结构变化（新阶层出现）、货币出现、社会分工形式变化等在内的社会结构要素的分析，来解析个体与国家两个层面的文明化逻辑；而摩尔关于民主与专制的讨论以及斯考切波关于中法俄三个国家革命爆发的研究，实质上都是通过对社会结构要素的分析展开的。例如，摩尔通过对不同国家的农业商业化程度、贵族与农民关系以及农业秩序三个要素的分析，来尝试揭示不同国家形态的不同历史路径（法西斯主义、共产主义与资产阶级民主制）[1]；而斯考切波则通过对包括阶级结构在内的诸多要素的分析，讨论了法国、中国和俄国有着不同社会结构性要素的国家革命爆发的社会过程与结果[2]。在这个意义上，这两条研究传统都极为重视结构要素在社会过程中的具体效果。

另一方面，埃利亚斯的历史社会学路径也有着自身的特点。如应星所指出的，以宏观比较历史分析为核心的美国历史社会学研究最初起源于对当时主导美国主流社会学的结构功能主义的不满，因此将研究的问题意识聚焦于不同国家的现代化道路之上，但

---

[1] 巴林顿·摩尔：《专制与民主的社会起源：现代世界形成过程中的地主和农民》，王茁、顾洁译，上海译文出版社2013年版。
[2] 西达·斯考切波：《国家与社会革命：对法国、俄国和中国的比较分析》，何俊志、王学东译，上海人民出版社2007年版。

是这一分析路径在本质上依然存在着僵化堆叠要素、对时间的不敏感、在叙事上的裂痕等一系列问题。① 换言之,美国宏观比较历史分析的传统尽管加入了所谓时间性要素,但这种时间性要素本质上依然是静态的,只不过是更长历史时空中静态要素的僵化堆叠。不唯如此,对于美国历史社会学的发展而言,他们更多将历史社会学作为一种分支社会学加以理解,并没有跳脱出当时美国社会学的学术体制。

与之不同的是,《文明的进程》于1939年初版,在埃利亚斯写作此书的历史时代,作为分支学科的历史社会学尚不存在,因此,埃利亚斯社会学传统的实质,在于将马克思、韦伯和涂尔干时代古典社会学对文明与历史的总体观照重新带回社会学的问题传统中来:如果说马克思、韦伯和涂尔干等古典社会学观照的核心问题在于现代性何以可能的话,那么埃利亚斯则将这一问题意识在历史维度上更为推进了一步,即从更长历史时段的中世纪开始讨论文明化的社会进程问题。此外,他将结构要素与历史脉络同时呈现出来——他并非机械地归纳诸多社会结构性要素,而是通过对翔实史料的爬梳,具体而历史地勾勒文明的社会发生过程。在埃利亚斯那里,诸多结构要素并非孤立而僵化的存在,而是相互作用的整体,同时,这些要素在历史中不断演化,并产生新的社会结构要素,从而构成了文明发生的具体脉络。

其三,个体心态与国家形态。在历史社会学的诸多研究传统中,学者们有的以结构-制度分析为问题意识,揭示制度的结构特

---

① 应星:《从宏观比较历史分析到微观比较历史分析——拓展中国革命史研究的一点思考》,《江苏社会科学》2018年第3期。

征;有的以行动-过程为核心问题,呈现历史的微观机制;还有的以历史人物和精神气质为聚焦点,通过对关键制度担纲者的讨论理解个体/群体的精神气质在文明生成中的作用。[1] 但是,目前已有的诸多研究传统却都并未很好地处理下述两个层面的问题:一方面,个体的行为与个体的心理之间是怎样的关系?另一方面,处于历史与文明中的个体情感机制与整个群体(国家)的政治发展趋势之间有着怎样的内在关联?

在这个意义上,埃利亚斯的研究给了我们巨大的启发:围绕个体文明与礼仪行为的普遍化,埃利亚斯指出这一行为模式变化的实质乃是一整套心理强化机制,而其背后则是整个社会分工形式发生巨大变化的历史结果。不唯如此,埃利亚斯更是将个体情感结构同国家政权形态的演变联系在一起——社会分工形式的巨大变化和货币经济的兴起,使得货币形式的税收取代土地成为整个社会的支配性要素,理性计算与礼仪行为取代武力征战成为贯通整个社会的基础逻辑。同时,社会阶层结构尽管在不断分化,但是不同社会阶层之间联系越发紧密,上述因素在形塑个体文明行为的同时,也构造了稳定的君主专制政权形态和国王机制。埃利亚斯正是通过这样的方式,呈现了社会学的想象力的实质意涵:在对具体历史的发生学书写中,将个体生命与国家文明做出了贯通性的社会学阐释。

渠敬东曾经指出,社会学之所以出现,就在于要对以往的学问

---

[1] 关于这一点,最典型的研究就是韦伯的《新教伦理与资本主义精神》,参见马克斯·韦伯:《新教伦理与资本主义精神》,于晓、陈维刚等译,生活·读书·新知三联书店 1987 年版。

形态做一次彻底的清算,将观念与经验相结合,将现实与历史相结合,将制度与民情相结合,将国家建制与民族融合相结合,将今天强行划分开的所谓社会科学与人文科学相结合,从而奠定一种既有经验生命又有精神传统的总体科学,开辟出一个世界历史可能的未来。[1] 正是在这个意义上,埃利亚斯的历史社会学和他的著作《文明的进程》,才被认为是"将历史学、政治学、心理学、心理分析、经济学、种族学、人类学、社会学熔为一炉"[2]的百科全书式的著作。埃利亚斯的历史社会学传统所给予我们的,不止于某种独特的分析框架,也并非某种独特的研究方法,而是一种以文明发生为问题意识的,同时容纳了历时性与结构性分析的总体视野。在这个意义上,埃利亚斯的历史社会学路径,实质上是将古典社会学传统重新带回社会学研究的一种尝试,这也正是我们今天在建构面对中国历史与文明的历史社会学体系时,可以从中汲取营养的重要思想传统与理论资源,这也构成了笔者围绕共产主义文明展开源流研究的重要理论资源。

---

[1] 渠敬东:《返回历史视野,重塑社会学的想象力——中国近世变迁及经史研究的新传统》,《社会》2015年第1期。
[2] 袁志英:《横跨两个世纪——埃利亚斯和他的〈文明的进程〉》,《德国研究》2002年第2期。

第五章 权力技术与生活世界
——福柯的权力观及其学术史影响

如果说所谓现代性意味着权威、秩序以及意义系统的确定性的话,那么后现代则意味着对确定性的解构。福柯作为二战后最具影响力的思想家之一,其关于现代社会的分析、洞察与研究极具批判性,同时也由于其犀利的视角与解构性的洞察而被认为是后现代理论家的代表。不唯如此,福柯的思想体系实质上还对包括历史学、社会学以及政治学等在内的人文社会科学研究产生了深刻而广泛的影响。那么,福柯究竟有着怎样的历史观?他对现代社会又是如何进行解构的?他的理论体系与思想洞察又为何具有如此强的吸引力?在本章中,笔者将围绕上述问题,从福柯的历史观及其著述主题的内在同一性等方面入手展开分析,进而讨论其与今天中国历史社会学研究之间的关联。

一、福柯的历史观:弥散的权力

权力以符号学为工具,把"精神"(头脑)当作可供铭写的物体表面;通过控制思想来征服肉体;把表象分析确定为肉体政治学的一个原则,这种政治学比酷刑和处决的意识解剖学要有效得多。[1]

上述这则引文出自福柯的名著《规训与惩罚》,亦表达了福柯对于现代社会的理解方式——将一切视为权力的历史观。实际上,福柯身上有着无数标签,后现代主义者、当代思想家、社会学家等等不一而足。然而,在现代人文社会科学的知识谱系与理论脉络中,福柯的重要性首先在于其对现代社会发生机制与运行机制所展开的历史分析,更为重要的是,这种历史分析既不同于西方史学的研究传统,也不同于马克思、涂尔干、韦伯以及托克维尔的古典传统,而是将权力作为理解历史、洞悉现代社会运行机制的重要视角,此即笔者所谓的权力的历史观。

实际上,在笔者看来,福柯的理论体系并不能以后现代和解构加以抽象概括——因为他的问题意识和分析对象,实际上依然是古典式的。对于福柯来说,理解政治的要害并不在于支配的正当性,而在于权力的弥散性;同样,分析现代社会系统的方式也并非马克思的生产关系或者涂尔干的社会结构,而在于权力的流动性。不唯如此,对于福柯而言,处于现代社会系统的政治治理术中的人,其主体性已经不完全来自宗教信仰或者政治理念的正当性,而在于作为生命政治驯顺对象的人口以及每个人所具有的权力支点的反抗。在本章中,笔者尝试从下述两个维度对福柯独特的权力观进行阐发。

---

[1] 米歇尔·福柯:《规训与惩罚:监狱的诞生》,刘北成、杨远婴译,生活·读书·新知三联书店 2003 年版,第 113 页。

其一,权力的弥散性。福柯曾经这样表述自己的研究:

> 确实,我深深地卷入到权力问题中。我很快发现,人这一主体在被置入生产关系和表意关系的同时,他也会同样地置入非常复杂的权力关系中。而在我看来,经济史和经济理论为生产关系的研究提供了很好的工具,语言学和符号学为研究表意关系提供了这样的工具,但是,我们还没有研究权力关系的器具。我们只得求助法律模式来思考权力,这即是:权力的合法性来自哪里?或者,我们求助于制度模式来思考权力,这也即是:什么是国家?[①]

那么,福柯究竟如何展开对权力的分析?实际上,在福柯看来,权力关系并非只存在于国家的制度分析与法律的系统分析之中,它还广泛地存在于社会生活的各个层面,他写道:

> 是行为模式界定了权力关系,但是这个行为不是直接作用于他人身上。相反,它是同他人的行为发生作用。[②]

实际上,这是一种非常独特的权力的社会观。简单来说,福柯认为,权力关系是一种本质性的社会关系,它意味着一个人的行为

[①] 米歇尔·福柯:《主体和权力》,汪民安译,载《福柯文选》第3卷《自我技术》,汪民安编,北京大学出版社2016年版,第108页。
[②] 米歇尔·福柯:《主体和权力》,汪民安译,载《福柯文选》第3卷《自我技术》,汪民安编,北京大学出版社2016年版,第127页。

模式对另一个人的行为模式产生影响的可能性,而当大多数人有着趋同的行为模式时,这些行为模式就会演化为制度、习俗或者法律规范等各个层面,进而对身处其中的个体进行着潜移默化而又深刻的塑造,因此他才说:

> 权力施展可以定义为这样一种方式:某类行为可以将另一类可能性行为结构化。……那么,适合于权力关系的,就是作用于行为的模式。也就是说,权力关系深深地根植于社会关系中,它不是凌驾于社会之上的。[1]

那么,在这样的权力视域下,现代社会又呈现出怎样的图景呢? 于福柯而言,现代社会中的法律系统通过对非法与违法的规范化规定,来对不同行为类型的人进行不同的治理——行为合法的个体享有着各种各样的权利,而与之相对应的,非法的人则必须受到现代刑罚体系的规训与制裁——这种制裁,又不像传统社会中的酷刑那样,而是变成了一整套细密的对行为的规训,以期达到治病救人的目的。[2] 不唯如此,现代社会还通过现代医学的科学系统来行使权力——它将人类的行为区分为病态与非病态,并分别归于不同的处理方式。其中,对病人特别是被认为是精神病人

---

[1] 米歇尔·福柯:《主体和权力》,汪民安译,载《福柯文选》第3卷《自我技术》,汪民安编,北京大学出版社2016年版,第132页。
[2] 米歇尔·福柯:《规训与惩罚:监狱的诞生》,刘北成、杨远婴译,生活·读书·新知三联书店2003年版。

和疯人的实行区隔,进而对其行为进行治疗与规训。① 福柯指出,当人类文明进入现代这一历史时期之后,社会肌体不再仅仅是一种司法-政治隐喻(像《利维坦》中那样),而成了一种生物现实,成为医学介入的一个领域。② 由此,我们才说,福柯笔下的现代社会,乃是一种弥散的权力状态,从科学到知识,从法律到政治,几乎都是权力运行所留下的轨迹。

其二,权力的流动性。在福柯这里,权力不仅是一种弥散于日常生活世界中的普遍状态,同时它还处于不断的流动之中:一方面,既然现代社会是依靠政治制度、法律规范、科学(医学)体系以及整体性的附带机制运转的,那么权力也就无时无刻不处于运行与流动之中;另一方面,如果说传统政治学视野下对权力问题的讨论,或者限于制度设计层面的权力的来源与分配的讨论,或者执着于对君主的政治系统的权术运用的分析,那么在福柯这里,权力则因为其弥散性而具有了隐秘的特征,又因为其隐秘性而不再只是强者对弱者、主权者对被治理者的操弄工具。对福柯来说,那些无名者,或者说那些声名狼藉者,既是权力作用的对象,也是权力生发的支点:

> 不过,如果我们想要触及一些这样的事情,就必须要有一束光,至少曾有片刻照亮过他们。这束光源自别处。这些生

---

① 米歇尔·福柯:《疯癫与文明:理性时代的疯癫史》,刘北成、杨远婴译,生活·读书·新知三联书店 2003 年版。
② 米歇尔·福柯:《危险的个体》,黄晓武译,载《福柯文选》第 2 卷《声名狼藉者的生活》,汪民安编,北京大学出版社 2016 年版,第 335 页。

命本来能够,而且应当处于无名的黑暗之中,然而,与权力的一次偶然相遇,却把他们从黑暗之中拖拽出来;如果没有这样的冲突,绝不可能只留下只言片语来记录他们转瞬即逝的一生。权力监视这些生命,追踪着他们,密切注视着他们的抗议和不法行为,片刻也不放过;它的利爪还会划伤他们,在他们身上留下持久的印记。正是这样一种权力,产生了这些评述他们的寥寥数语,从中我们得以知晓这些生命。[1]

上述文字所表达的,乃是历史中的籍籍无名者与声名狼藉者遭遇权力光谱的时刻。在福柯笔下,这个时刻恰恰也是权力作用于个体的时刻。但福柯没有明确表明的是,历史个体不仅会遭遇权力之光,也会逃避权力之光,同时还会运用权力之光,自身成为处于流动中的权力的一个重要中转,甚至成为权力运动新的发起点。由此,在福柯的世界中,现代文明的历史是弥散的权力不断运行的历史,也是权力机器不断生成的历史,更是现代性通过不断重组的权力体制对人口进行分类与治理的历史。

二、人口政治与分类系统:福柯著作的主题同一性

在本书的第一章,笔者在讨论古典时期社会学理论传统时曾经指出,以卡尔·马克思、马克斯·韦伯和埃米尔·涂尔干为代表

---

[1] 米歇尔·福柯:《声名狼藉者的生活》,唐薇译,载《福柯文选》第 2 卷《声名狼藉者的生活》,汪民安编,北京大学出版社 2016 年版,第 297 页。

的社会学奠基者,其研究在问题意识层面具有高度的总体性,他们各自的著作虽然研究对象不同,但是贯穿起来阅读却彰显着研究主题的内在同一性。实际上,福柯的思想体系亦是如此。表面上看,福柯的著述史所涉议题范围广度丝毫不亚于韦伯——他既讨论了性的演进历史,又讨论了临床医学的起源,同时还涉及对刑罚体系的批判性剖析。不仅如此,福柯还从社会理论的层面,对现代社会中的治理术展开了精妙的分析。福柯的这些具体研究议题,如果按照今天的学科分科体系划分,大体可以分门别类地归结到政治社会学、法律社会学、犯罪社会学、知识社会学、性社会学等诸多分支领域之中,但是实质上,这些著述的主题却有着高度的内在同一性。

除了在上文中所提到的权力的史观之外,福柯关于现代社会的思考与洞察还有更多值得我们追问的地方。例如,纵然现代社会是由无数的权力机制、无数的权力运行所构造的,那么这又具体体现在哪些关键领域?与此同时,现代社会又面对着规模的人口和庞大的领土这一治理难题,现代性又是如何在其中不断施展的?

回到福柯的文本中,我们发现,对于福柯而言,现代语境下的政治,无论其形态是民主抑或君主专制,其内核都是围绕人口政治所设计的一系列分类系统。在这个意义上,权力不过是这个系统运转的零件与机制而已。

让我们来看一看为什么笔者强调人口的政治学才是福柯笔下权力机器运转的核心目标。福柯曾经这样说道:

(它)(作者按:生命权力)所指的是一系列显得不那么重

要的现象,透过这些现象,生命权力在人类中构成了基本的生物特征,这些机制的整体将能够进入一种政治、政治战略和权力的总体战略的内部,换一种说法,从18世纪开始,社会,现代西方社会,是如何把人类之所以成为人类的基本生物特征重新纳入考虑的。这大概就是我所说的生命—权力。①

简单来说,福柯所理解的现代性以及现代国家,乃是一整套关于人口治理的权力系统。如果将这一理解方式放置在整个现代性理论的生成谱系中,我们就更容易理解其内在脉络:约翰·洛克作为现代资产阶级代议制政府的理论奠基人,通过《政府论》上卷对《圣经》的重新解读与阐释,总体上驳斥了君权神授的传统王权观念,进而批判了菲尔麦的父权论②;而在《政府论》下卷中,洛克则通过对《圣经》的再阐释,确立了天赋人权的基本理念,并通过对自然状态、战争状态以及政治社会的三重分析,确立了作为权利拥有者的人的主体性③。

如果说洛克的理论构成了现代性的前史的话,那么韦伯则通过对宗教改革的分析,一方面揭示了资本主义精神与基督新教伦理之间的选择性亲和,另一方面则为我们呈现了一个祛魅的现代世界。实际上,福柯对作为普遍历史的现代性的理解,本质上乃是对祛魅的进一步祛魅。对于现代社会中经历了祛魅进程的政治共

---

① 米歇尔·福柯:《安全、领土与人口》,钱翰、陈晓径译,上海人民出版社2018年版,第3页。
② 约翰·洛克:《政府论》上卷,瞿菊农译,商务印书馆2011年版。
③ 约翰·洛克:《政府论》下卷,瞿菊农译,商务印书馆2011年版。

同体而言,对自己所管辖的领土以及领土上所具有的人口进行以效率为核心的治理,乃是政权稳定的关键。福柯一语道破了现代国家的本质:

> 人口是国家的财富和力量的基础,当然,这一切的实现需要一个强制工具,它阻止向外移民,召唤移民进入,它鼓励生育,这个强制工具还要确定什么样的生产是有用的和可以出口的,也要确定生产的产品、生产方式和工资,它还要制止游手好闲和无所事事。总之,这个整体的工具要把人口变成国家的力量和财富的源泉,它要保证这些人按照规定工作,在规定的地方并按规定的目标工作。换一种说法,人口是严格意义上的生产力,这正是重商主义所关切之处……这个人口确实经过规训机制的培训、分配和安排。人口是财富的来源,是生产力,也是规训的配备:所有这些构成了重商主义的政治思想、计划和实践。[1]

由此,人被作为人口置入强制系统之中,成为臣民的集合而往往以统计数字的形态出现。也正是基于人口本身对于资本主义而言所具有的生产性与经济性,福柯才尖锐地指出:

> (统治者)随心所欲地从上至下对他们施加一系列法律和规则,对他们说应该做什么、在哪里做和应该怎么做。换一种

---

[1] 米歇尔·福柯:《安全、领土与人口》,钱翰、陈晓径译,上海人民出版社2018年版,第86页。

说法,重商主义者主要是在统治者和臣民的轴线上思考人口的问题。①

在人口成为现代国家最重要的治理目标之后,人口政治成了现代社会的核心议题。那么,整个治理系统又是如何对人口进行有效率的治理呢?在这个意义上,福柯为我们呈现了一个庞大而又精密的分类系统。福柯在其著作《规训与惩罚》的一开头,便为我们描绘了一个中世纪的欧洲经常出现的断头台的公开处刑场面,紧接着,他提出了一个耐人寻味的问题:为什么公开的处刑和血腥的肉体刑罚在现代性的历史进程中渐渐隐退了呢?② 这是现代政治通过科学与文明的话语系统建立了一整套分类机制,来区分行为的违法与非法,来区分精神的常态与病态,进而来区分肉体的优质与劣质。之所以要进行这样的区分,乃是因为现代政治已经不再以单纯的肉体消灭为目的,而是要首先进行区分,进而对"劣质"的与"不合规"的人口进行治理,使其成为驯顺的肉身。不唯如此,通过一系列分类系统与权力机制的建立,现代政治还在同时塑造某种使"正常人"的行为模式朝向固定化与常规化转变的历史趋势。福柯曾经这样概括现代社会中对犯法的人的处理:

> 对于犯法的人仍然伴随着特定的惩罚,绞刑、放逐或者罚

---

① 米歇尔·福柯:《安全、领土与人口》,钱翰、陈晓径译,上海人民出版社2018年版,第87页。
② 米歇尔·福柯:《规训与惩罚:监狱的诞生》,刘北成、杨远婴译,生活·读书·新知三联书店2003年版。

款,但是现在一切都被如此框定:一方面是一系列的监视、审核、检查,以及各种控制,使人们可以有可能在小偷盗窃之前就确定他是否将要盗窃等。另一方面,在另一端,惩罚将不再仅仅是引人注目的、确定性的绞刑、罚款、放逐的时刻,而是类似如监禁的措施,伴随一系列施与犯罪者之上的训练和改造,就是我们所谓的教养技艺:义务劳动、道德教化、行为矫正等。①

从整体上看,这样一种全新的权力系统,其核心目标在于通过各种技术手段与规范化的规训机制来完成识别好坏、激活效用和确保安全的治理目标:

> 不再是确定和划定领土,而是允许流通,控制流通,挑出好的和坏的,使它不停运转,不断移动,总是从一个地方转移到另一个地方,但是要消除这种流通的内在的危险。不再是君主及其领土的保障,而是人口的安全,因此也就是说,是那些被统治居住的人的安全。②

综上所述,基于人口政治目标的分类系统构成了弥散的权力的主要活动场域,也是福柯所展示给我们的关于现代的历史图景。

---

① 米歇尔·福柯:《安全、领土与人口》,钱翰、陈晓径译,上海人民出版社 2018 年版,第 7 页。
② 米歇尔·福柯:《安全、领土与人口》,钱翰、陈晓径译,上海人民出版社 2018 年版,第 81 页。

然而,福柯的问题并未结束,因为流动的权力在作用于人口时,还形成了政权性的内化机制,这便是福柯笔下的权力技术与身体规训。

三、权力技术与身体规训:权力视域下的身体与心灵

(一) 身体:现代的审视

> 工厂、学校、军队都实行一整套微观处罚制度,其中涉及时间(迟到、缺席、中断)、活动(心不在焉、疏忽、缺乏热情)、行为(失礼、不服从)、言语(聊天、傲慢)、肉体(不正确的姿势、不规范的体态、不整洁)、性(不道德、不庄重)。与此同时,在惩罚时,人们使用了一系列微妙的做法,从光线的物质惩罚到轻微剥夺和羞辱。[①]

在福柯对于现代社会权力运作机制的分析中,身体占据重要的位置。在他看来,身体构成了权力运作的重要支点,也是洞悉现代社会运作的重要视角。实际上,如果从这个角度出发加以考察,我们就会发现,现代性在西方的演进过程,亦可以看作一个对身体的再发现、再认识的过程:在古希腊思想中,身体是灵魂的掣肘,身体束缚了灵魂对至善世界的追求;而后到了笛卡尔那里,身体和心

---

① 米歇尔·福柯:《规训与惩罚:监狱的诞生》,刘北成、杨远婴译,生活·读书·新知三联书店2003年版,第202页。

灵被彻底两分,身体与物质联系在一起,而心灵则属于精神、意志的范畴,如此,笛卡尔将人的主体与人的身体分割开来。但是身心截然二分并公开对立却作为问题而呈现出来,并由此产生了身/心、主/客等一系列二元对立,人的肉身成为一个容器,成为一种界限,人可以通过心灵而与身体之外的物进行沟通。近代以来,从尼采开始,经现象学与后现代思潮,西方的思想家对西方思想中的理性中心主义传统展开了反思,其中一条重要的反思线索就是要弥合身体/心灵的二元对立,弃绝从意识主体出发,赋予纯粹意识以优先性,而是指出事实上身体影响着整个感觉、认识、判断的过程,身体乃是社会的构建物和人类历史的烙印。

诞生于19世纪西方的社会学,无论从其诞生的背景看,还是从其展示的研究实践看,其主旨都是对于现代性的研究,也就是要理解所谓的现代性的问题及其后果。而现代性这样一个抽象的概念,并不是由哪一个单独的事件、单一的原因所推动和造成的。所谓的现代化和现代性问题,是与西方社会工业革命、政治革命和在这背后从文艺复兴到启蒙运动等一系列绵延数个世纪的思想革命共同作用的结果,因而,现代性的社会表达也就呈现在社会生活之经济、政治、文化等各个方面。在经济方面,出现了工业社会;在社会结构上,出现了与工业社会和所谓的城市化进程相应的社会阶级结果和社会组织结构;在政治方面,则促成了民族国家的形成以及国家的民主化;而在文化方面,表现出的则是西方理性主义取代神学世界观……由此,社会学这一学科所面临和想回答的问题,也是关于西方社会历史变迁过程中出现的有关制度、政治、工业、经济乃至意识形态等的问题,身体根本就不是社会学考察和考虑的对象。特别是在笛卡尔我思故我在的思想传统下,身体更是处于一种边缘地位而不被社会学重视。

但是经历了第二次世界大战,现代文明世界满目疮痍,二战期间的种族灭绝、大屠杀给人类造成了深深的震撼与创伤;另外,伴随着现代科学技术与工商业日益发展的另一个事实是,人本身越来越成为被统治者,越来越异化,面对这些问题,人们开始反思所谓的现代文明。另一方面,库恩以后科学哲学的发展,已经宣告在认知活动中,以完全消除感性观照的个人因素作为获得、衡量科学知识的条件是虚幻的,常人知识也恢复了其应有地位,与日常生活密切相关的身体也渐渐成为社会学关注的对象。[1]

(二) 身体:权力的支点

在福柯的诸多著作中,涉及身体的著作主要集中在他的《规训与惩罚》和《性经验史》中。在《规训与惩罚》中,福柯着墨的重点在于那些关于身体的规训技术,即现代刑罚体系是如何采用种种权力技术,来规训、管理、控制人的身体的。他发现,通过现代的刑罚体系与监狱体系,权力对人的身体实行了持续的、不间断的强制,并根据严格划分好的时间、空间和活动的编码来监督活动的过程,最后,权力把肉体变成了一种才能、能力,并竭力增强它,最终使得身体变得驯顺,可以被驾驭、使用、改造和改善。[2] 而在《性经验

---

[1] 李康:《身体视角——重返"具体"的社会学》,北京大学社会学系硕士学位论文,1996年。
[2] 米歇尔·福柯:《规训与惩罚:监狱的诞生》,刘北成、杨远婴译,生活·读书·新知三联书店2003年版。

史》中,福柯讨论的核心问题在于:究竟是从何时起,又是为什么,性行为这样一种身体行为成了一种道德关注的对象?[1] 不仅如此,福柯还在不断追问的是:为什么我们今天会对以往犯下的性罪恶感到内疚呢? 我们是通过什么途径而在性方面行为失当呢?[2]

实际上,与其说福柯关注的是身体,还不如说他关注的核心问题在于身体技术。所谓身体技术,在莫斯这里被定义为"人们在不同的社会中,根据传统了解使用他们身体的各种方式"[3]。在福柯看来,在现代性的历史图景中,身体被来自国家的以及来自社会的莫名的力量作用在人的肉身上,管理、规训着人的身体。

在《规训与惩罚》中,福柯分析了刑罚制度和监狱体系的变化,指出这一变化看似是人性的胜利,是人道主义的胜利,但是实质上仅仅是惩罚作用点和惩罚的方式发生了改变,对肉体惩罚的减轻以及血淋淋的公开酷刑的消失也只是表面现象。因为这仅仅是权力转变了它在肉体上的作用方式罢了:从古典时期对人身体的生死权力,变为文艺复兴时期之后的理性时代对生命管理的权利。由此,身体被更为细密、精细地进行着控制、管理和规训。我们可以看到,福柯的分析对带有理性光芒和文明标志的现代刑罚制度与司法体系构成了极大的冲击,实质上是将其进行了解构。

尤其需要注意的是,福柯在《规训与惩罚》中分析了刑罚的变化,特别指出血淋淋的公开刑罚已经退出了舞台,刑罚转入了隐秘

---

[1] 米歇尔·福柯:《性经验史》,佘碧平译,上海人民出版社 2005 年版,第 112 页。
[2] 米歇尔·福柯:《性经验史》,佘碧平译,上海人民出版社 2005 年版,第 7 页。
[3] 马歇尔·莫斯:《社会学与人类学》,佘碧平译,上海译文出版社 2003 年版,第 301 页。

的领域。但是值得玩味的是,这并不意味着刑罚对肉体的放松,只是指向肉体的刑罚采取了更为细密的方式,而且这种惩罚还贴上了理性与人道的标签。在这样的刑罚体系下,在理性的光芒下,一切与兽性有关的激情、欲望都被打上了非理性、非人道的标签,就连公开展示的酷刑也不例外。因为这些酷刑过于血腥,过于暴力,由此进入了惩罚的节制时代。而在福柯的另一部著作《疯癫与文明》中,他也曾指出,禁闭的恐怖是从外面包围着疯癫,标志着理性和非理性的分界,而且具有双重力量:一方面是制止狂暴,另一方面是控制理性本身,将其置于一定距离之外。① 在这点上,正如米勒所说的,在福柯和尼采看来,对这些力量的管制企图是同对狂暴、残酷和侵犯性的冲动的禁止联系在一起的,而这种禁止又是通过惩罚来实施的。他们两人都这样假定:这种狂暴、残酷和侵犯性的冲动,在被禁止向外释放后,并不会就此消失,而只能被逐向内心。② 在此之后,现代人面对的问题就是如何压抑这种内心的狂野,只有压抑这种激情,才能使人变得理智。由此我们可以看到,禁闭以及疯人院内的种种对身体、行为的控制,乃至公开酷刑的取消,其实质都是在用理性作为理由来控制人的疯癫和兽性。

(三) 身体:驯顺的容器

但是,我们不要产生误解,不要以为一种现实的人——认识、哲学思考或技术干预的对象——取代了神学家幻觉中的

---

① 米歇尔·福柯:《疯癫与文明》,刘北成、杨远婴译,生活·读书·新知三联书店 2003 年版,第 227 页。
② 詹姆斯·米勒:《福柯的生死爱欲》,高毅译,上海人民出版社 2005 年版,第 295 页。

灵魂。人们向我们描述的人,让我们去解放的人,其本身已经体现了远比他本人所感觉到的更深入的征服效应。有一种"灵魂"占据了他,使他得以存在——它本身就是权力驾驭肉体的一个因素。这个灵魂是一种权力解剖学的效应和工具;这个灵魂是肉体的监狱。[1]

福柯敏锐地看到,在刑罚中,有一种劝恶从善的技术压倒了纯粹的赎罪。[2] 随着医学、心理学乃至精神病学的加入,各种专家加入对犯人的司法审判,"反常""变态"这些字眼儿也随之出现在对犯人的定义中。福柯指出,这些观念意义上是解释人们的行为,实际上却成为给每个人下定义的工具。[3] 由此,我们可以发现,现代刑罚体系首先需要知道"你是谁",而这个判断的标准则是依靠各种专家对当事人行为的判断和定义,进而整个惩罚制度和监狱体系会采取一系列规训手段来对这些"非正常""心理变态"的人进行控制与训练。其目的很简单,既不是要消灭他们的肉体,也不是要消灭他们的灵魂,而是要拯救他们的灵魂,并且通过种种手段来使他们的灵魂和行为举止都重新成为"正常人",成为对这个文明社会"有用的人"。

那么,权力技术又是如何通过灵魂完成对身体的规训,又是如

---

[1] 米歇尔·福柯:《规训与惩罚:监狱的诞生》,刘北成、杨远婴译,生活·读书·新知三联书店2003年版,第27页。
[2] 米歇尔·福柯:《规训与惩罚:监狱的诞生》,刘北成、杨远婴译,生活·读书·新知三联书店2003年版,第10页。
[3] 米歇尔·福柯:《规训与惩罚:监狱的诞生》,刘北成、杨远婴译,生活·读书·新知三联书店2003年版,第19页。

何内化到人的内心秩序中的呢？通过《规训与惩罚》我们可以看到：现代刑罚体系看上去更为人道和文明，因为这一体系是以治病救人和拯救灵魂为目的的，更何况这一体系还加入了判断"你是谁"这样一个由各色专家给人下定义的程序技术。与此同时，检查与档案又记录下了罪犯的行为，从而为说明"他究竟是怎样一个人"提供确凿的证明。而且，这种对肉体的训练和操练是有着预防潜在危险、保卫社会和促进生产的显而易见的现实意义的。经过了这样的肉体训练，现代刑罚体系宣称这个人的心灵已经改过自新了，他已经可以重新做人，并且已经消除或者至少是减轻了这个人对社会的潜在危害。但是福柯指出，尽管监狱改革一次又一次，但是与之紧紧相伴的却是一次又一次的对监狱失效的批评。他敏锐地指出，原因恰恰在于监狱体制以及一系列的规训技术的实质"并不是旨在消灭违法行为，而是旨在区分它们，分配它们，利用它们。与其说它们使易于违法的人变得驯顺，不如说它们倾向于把对法律的僭越吸收进一种一般的征服策略中"[1]。因此，这一囊括了教育专家、心理学家或者精神病学家的监狱体制最终还是没有拯救灵魂，而规训技术也最终还是仅仅对人的肉身发生了作用："'灵魂'技术学既无法掩饰也无法弥补的正是这种支配肉体的权力技术学。原因很简单，前者是后者的工具。"[2]

由此我们可以看到，福柯的研究本身实质上也构成了对权力

---

[1] 米歇尔·福柯：《规训与惩罚：监狱的诞生》，刘北成、杨远婴译，生活·读书·新知三联书店2003年版，第307页。
[2] 米歇尔·福柯：《19世纪法律精神病学中的"危险个人"概念》，苏力译，《社会理论论坛》1998年第4期，第33页。

的谱系学研究,或者说是对权力与现代社会展开了知识考古学的分析。在他看来,现代文明中的知识话语与学术体系,牵涉到总体性的政治支配与技术治理,从而构成了权力的毛细血管。福柯这样写道:

> 我认为可以说,从自然史转向生物学,从财富分析转向政治经济学,从普通语法学转向历史语文学,有一个引发这个转变的关键因素,它使所有这些知识系统发生颠覆,转向研究生命、工作和生产的科学,转向语言科学,应当在人口这个方面寻找这个关键因素。……这是在权力技术和它们的对象之间不断运动的游戏,它逐步在现实和作为实在的场域中勾画出人口极其特殊的现象。人口作为权力技术的关联物建构起来,正是从这里出发,一系列可能的知识的对象领域开始形成。①

四、社会科学研究中的福柯烙印:福柯理论的效果史

(一) 社会学中的口述史研究:福柯的中国路径

作为当代最伟大思想家之一的福柯,其理论传统在人文社会科学研究领域产生了广泛的影响。特别是随着20世纪60年代中

---

① 米歇尔·福柯:《安全、领土与人口》,钱翰、陈晓径译,上海人民出版社2018年版,第99页。

后期法国年鉴学派越发强调历史研究的微观取向与底层视角,福柯弥散的权力观对整个人文社科研究都产生了巨大的影响。这种影响在国内学术界也有着较为明显的烙印。

一方面,在中国研究领域和近现代史研究领域中,随着 1978 年的改革开放,越来越多的学者在引介西方理论传统的同时,也有了客观条件深入基层社会进行田野调查和田野资料的搜集工作。因此,无论是关于近现代中国社会革命的研究,还是关于社会主义建设与改革开放的研究,都呈现出了对微观的历史主体的关切,也呈现出对基层研究史料的充分重视。另一方面,在社会学研究领域,亦有研究者以福柯的权力理论和微观视域为理论底色,围绕 20 世纪上半期中国社会所发生的社会变革展开了历史社会学意义上的深入研究。其中,最具代表性的便是在孙立平等学者的主持下,于 90 年代末开启的"二十世纪下半期中国农村社会口述资料收集计划",这一研究计划持续多年,在中国历史社会学的研究进程中有着独特而重要的位置。

其一,口述史研究传统持续多年,对包括西村、骥村在内的典型村庄进行了深入挖掘,形成了一批在学术界有着重要意义的研究作品。[1] 这一研究传统为我们理解 20 世纪的中国革命与普通人日常生活之间的关系提供了新的视野。

其二,口述史研究传统从具体的历史场景中挖掘了包括诉

---

[1] 这些研究作品中,较为具有代表性的包括应星:《村庄审判史中的道德与政治:1951—1976 年中国西南一个山村的故事》,知识产权出版社 2009 年版;李康:《西村十五年——从革命走向革命》,北京大学社会学系博士学位论文,1999 年;方慧容:《"无事件境"与生活世界中的"真实"——西村农民土地改革时期社会生活的记忆》,载中国社会科学院社会学研究所编:《中国社会学》第 2 卷,上海人民出版社 2003 年版,第 282—371 页。

苦①、无事件境②等在内的诸多充满社会学想象力的关键概念,为我们理解土地革命与乡村社会之间、国家政权与普通农民之间的关系提供了超出传统国家-社会关系模式的理解路径;同时,口述史研究传统的过程-事件分析策略也为研究者们理解中国国家与农民关系提供了新的分析工具。③

实际上,这样一种口述史研究方式在历史社会学研究中的应用,也给我们提出了一系列新的思考方向。例如:口述史研究传统与福柯的权力理论之间究竟是何种关联?口述史研究传统是否只是在分析范式与视角上的目光向下,是否只是提供了我们理解社会变革的底层视角?这一研究传统的理论意涵到底如何理解?其理论与经验材料之间的关系又如何构建?基于此,我们将围绕以福柯为理论底色的口述史研究传统展开相应的讨论。

(二) 历史与记忆:口述史研究的双重主题

1. "在地"的历史:历史的多重可能

在西方历史学发展的过程中,口述史的产生本身就是对宏大叙事与权力塑造历史这一境况的回应与挑战。汤普逊强调过去的历史学关注的是政治生活中的大事件而非日常生活,同时也指出"整个权力就像一台巨大的录音机,按照自己的意愿去塑造过去"。

---

① 参见郭于华、孙立平:《诉苦———一种农民国家观念形成的中介机制》,载孙立平:《现代化与社会转型》,北京大学出版社 2005 年版,第 383—407 页。
② 方慧容:《"无事件境"与生活世界中的"真实"———西村农民土地改革时期社会生活的记忆》,载中国社会科学院社会学研究所编:《中国社会学》第 2 卷,上海人民出版社 2003 年版,第 282—371 页。
③ 孙立平:《"过程-事件分析"与当代中国农村国家与农民关系的实践形态》,载《现代化与社会转型》,北京大学出版社 2005 年版,第 343—359 页。

在这个意义上,口述史被认为是围绕人民而构建起来的历史,为历史本身带来了活力,也拓宽了历史的范围。[①] 口述史研究传统以民间口述资料为核心对象,特别是通过对亲身经历了20世纪下半期中国农村社会变迁的普通农民和农村基层干部进行深入访谈来重建历史表达的另一种可能性。在这个意义上,它毫无疑问在进行着历史重建的工作。换言之,呈现历史书写的多种可能性,成为口述史研究的重要主题之一。

在口述史研究传统既有的成果中,李康的博士学位论文《西村十五年——从革命走向革命》是另一呈现历史书写多种可能性的代表性研究。作者通过对河北西村土地革命的口述史研究,为我们呈现了不同于正统土改叙事的革命编织下的西村历史风貌,特别是书写了普通农民卷入革命洪流,并以走向革命的方式完成了革命的主体性塑造的微观进程。[②] 总体来说,口述史研究由于其内在具有的社会属性,因而自然带有构建多重历史可能的具体效果;口述史研究者本身往往也将此作为研究的重要问题意识之一。

2. "再造"的记忆:社会记忆的权力维度

除了构造历史书写的多种可能之外,口述史研究传统还呈现了另一个重要主题,即对社会记忆议题的关切。实际上,涂尔干的弟子哈布瓦赫在1925年首次提出集体记忆的概念,进而讨论历史是如何被包括家庭、宗教社团等在内的社会性组织纳入记忆的链

[①] 保尔·汤普逊:《过去的声音:口述史》,覃方明、渠东、张旅平译,辽宁教育出版社2000年版,第3—4页。

[②] 李康:《西村十五年——从革命走向革命》,北京大学社会学系博士学位论文,1999年。

条并书写下来的。① 景军指出,有关社会记忆的研究,可以分为集体记忆、官方记忆以及民间记忆三种研究取向。② 具体到中国研究的语境,有关社会记忆的研究几乎必然同革命对集体记忆重塑这一主题相关。

在诸多社会学研究者所开展的口述史研究中,方慧容有关华北西村无事件境的集体记忆特征的研究,提出了极具社会学想象力的学术命题:在20世纪上半期中国乡村社会结构与地权形态变革的历史进程中,权力究竟是如何形塑普通人的社会记忆的?被形塑之后的集体记忆又是如何反过来塑造着村庄的历史书写的?③

在有关西村土改的口述史实践中,方慧容从研究中的意外——被访者接受访问时呈现的有关事件的模糊记忆④与官方史书中清晰记载之间的张力入手,围绕诉苦这一历史场景中的权力技术,提炼出了无事件境这一理解中国乡村社区集体记忆特征的重要概念。它是一种特殊的事件记忆心理,即普通农民并不按照时间序列对生命历程中的各种重复事件进行分类的模糊记忆状态。⑤ 作

---

① 莫里斯·哈布瓦赫:《论集体记忆》,毕然、郭金华译,上海人民出版社2002年版。
② 景军:《神堂记忆:一个中国乡村的历史、权力与道德》,吴飞译,福建教育出版社2013年版,第17—19页。
③ 方慧容:《"无事件境"与生活世界中的"真实"——西村农民土地改革时期社会生活的记忆》,载中国社会科学院社会学研究所编:《中国社会学》第2卷,上海人民出版社2003年版,第282—371页。
④ 严格来说,《无事件境》一文不仅是口述史研究传统中以社会记忆为主旨的代表性研究,实质上也是关涉历史书写的多种可能的重要研究:该文本质上为我们呈现了国家权力扎根乡土社会,进而塑造民众记忆的历史过程,对乡村社区集体记忆形成过程的呈现,毫无疑问属于历史书写这一范畴。
⑤ 方慧容:《"无事件境"与生活世界中的"真实"——西村农民土地改革时期社会生活的记忆》,载中国社会科学院社会学研究所编:《中国社会学》第2卷,上海人民出版社2003年版,第282—371页。

者指出,调查研究和诉苦的发明都源于以跨地方的事件发生重划个人生活节奏,进而实现对农村社区的重新分化整合的努力。前者同划成分相连,后者同塑造一种新的集体认同相连。但是调查研究的考证化和诉苦在遭遇农村社区时所面临的最大障碍就是无事件境记忆的汪洋。[1] 在这一遭遇的过程中,权力实践也同时塑造着普通村民的记忆过程——权力认定的重要事件与有关重要事件的历史解释方式都在革命的场景中被不断操演从而植入普通农民的记忆之场中。

方慧容通过对自己在口述史实践过程中遭遇的现实困扰的不断提问与反思,不仅揭示了无事件境这样一种农村社区集体记忆的特征,更是呈现了无事件境的集体记忆状态与土改中的诉苦实践之间的复杂关系,不仅将有关中国乡村社区的社会记忆研究推到一个新的高度,同时也呈现了革命与日常生活、权力与民众记忆之间的复杂关联。

3. "文明"的机制:口述史的问题意识

上述笔者梳理的口述史研究传统以 20 世纪下半叶中国乡村社会生活变迁为研究对象,其研究的时间段也不仅仅集中在土地革命时期,而且涉及农业合作化与集体化运动[2],同时也涵盖了家庭联产承包责任制改革的社会过程。[3] 尽管这一研究传统涵盖了

---

[1] 方慧容:《"无事件境"与生活世界中的"真实"——西村农民土地改革时期社会生活的记忆》,载中国社会科学院社会学研究所编:《中国社会学》第 2 卷,上海人民出版社 2003 年版,第 282—371 页。
[2] 郭于华:《心灵的集体化——陕北骥村农业合作化的女性记忆》,《中国社会科学》2003 年第 4 期。
[3] 李洁:《生存逻辑与治理逻辑:安徽农村改革的先期探索》,社会科学文献出版社 2017 年版。

较长的历史时段,在具体的研究旨趣上也呈现出了历史重述与社会记忆这两个主题,同时又采用了过程-事件这一侧重微观机制分析的策略,但是这一研究传统却并没有因为研究案例在时空上的多样性以及分析工具的微观化而陷入碎片化的陷阱:它有着自身的总体问题意识,即对作为一种文明的共产主义的运作机制的深入讨论。

刘新曾经这样概括口述史研究传统的问题意识:

> 他们的研究目的,是要理解在不远的过去,日常生活世界有着怎样的形态,考察毛泽东时代政府的"权力实践",探讨农村生活如何被一种新型控制所渗透,这种特定的控制形式如何在生活中被吸收等问题,以及检视建基于共产主义意识形态和组织下,如何生成了新的惯性和惯习。①

也正是在这个意义上,无论是对权力与身体的关注,抑或是对权力与社会记忆的讨论,实质上都围绕共产主义文明这一核心问题意识而展开,并从不同角度解析共产主义文明作为制度和意识形态运作的实践过程和逻辑,进而展现其强大的动员能力、改造和重建人民精神世界的能力。

(三) 过程-事件分析策略:"事件"的多重意涵

在口述史研究者看来,静态的结构分析往往并不能展现事

---

① 刘新:《为了忘却的纪念——一个关键研究个案的批评性讨论》,《清华社会学评论》2002年第1期。

物本身的某些重要特征以及事物内部不同因素之间的复杂关联,同时也无法完全呈现这一事物在与不同情境遭遇时可能发生的出人意料的变化。这些静态结构分析的盲点,恰恰是社会生活奥秘的重要解码。因此,孙立平提出的过程-事件分析策略着重将研究对象从静态的结构转变为若干事件所构成的动态过程;在叙述策略上,则将研究的对象转化为一种故事文本。① 表面上看,似乎事件无需多言。但是,如何将事件真正纳入学术分析的视域中? 研究者又要选取哪些事件进行分析才能使整个研究具有总体性意义? 如果我们将过程-事件分析策略中的事件放置在更为广阔的学术史视野下就会发现,事件至少具有下述意涵:

其一,事件首先是可以引起村庄的社会成员所关注并参与的事件,是能够在日常生活的汪洋中激起涟漪的事件。它应该凝聚整个村庄社会生活的片段以及整个村庄的复杂社会关系。口述史研究传统恰恰把握住了国家权力与乡村社会在土改诉苦中的遭遇时刻——无论是农民间复杂的社会关系,抑或是政治运动所促成的历史效果,都密切地和诉苦这一事件联系在一起,因而,苦也就成为一种社会性表达,既蕴含着国家-农民关系的具体意涵,同时也蕴含着深刻的社会根源。②

其二,事件并非日常生活中发生的一切事件,而是一定能够展

---

① 孙立平:《"过程-事件分析"与当代中国农村国家与农民关系的实践形态》,载《现代化与社会转型》,北京大学出版社 2005 年版,第 343—359 页。
② 郭于华、孙立平:《诉苦——一种农民国家观念形成的中介机制》,载孙立平:《现代化与社会转型》,北京大学出版社 2005 年版,第 383—407 页。

示事物逻辑、运作机制以及其中复杂的社会事实的事件性过程。在这里,事件性过程包含着事件的起因、经过、高潮和结局的整个过程,同时也包括事件所造成的历史效果。由此,郭于华、孙立平揭示了共产党政权通过诉苦这一权力技术,在广大的乡村社会中颠覆原有社会秩序、完成社会动员、激发农民阶级意识的历史进程,进而揭示了诉苦在农民形成现代国家意识的过程中所起到的中介机制作用。①

其三,除了底层民众日常生活中的事件之外,事件还包括其中观面向——口述史研究传统在进行具体分析时,所选取和聚焦的历史事件,都在制度演进与历史发展进程中有着重要位置。土地革命毫无疑问具有社会革命与社会动员的总体意涵,而农业集体化运动则构成了我们理解革命后总体性社会形成的关键节点。这些都被口述史研究传统纳入分析领域中。实际上,对土改、集体化这样的中观层面的政治与社会事件进行社会学研究被塞威尔概括为"事件社会学"②,也就是法国年鉴学派布罗代尔提出的结构—情势—事件三层分析维度中的"事件",本质上是指对短时段内的政治事件的研究。③ 尽管从字面意思来看,过程-事件中的事件并非直接指涉政治事件,但是我们需要注意的是,口述史研究传统并非不加思索地直接进入日常生活的历史,而是选择了构成历史演进关键节点的重要历史时期与事件发生区域。在这个意义上,正

---

① 郭于华、孙立平:《诉苦——一种农民国家观念形成的中介机制》,载孙立平:《现代化与社会转型》,北京大学出版社 2005 年版,第 383—407 页。
② 塞威尔·威廉姆:《三类时间性——迈向事件社会学》,应星译,《国外社会学》2001 年第 4 期。
③ 布罗代尔:《论历史》,刘北成、周立红译,北京大学出版社 2008 年版。

是有对宏观历史的总体考虑,才使得口述史研究没有掉入碎片化的陷阱。

(四) 作为底色的福柯理论

一般认为,口述史研究传统的特点在于从底层视角对革命与政治运动的在地过程进行分析与呈现。乍看上去,这同20世纪80年代以来有关中国研究中的地方史转向有着某种内在的一致性。[1] 但过往的研究者往往更多从底层视角与分析策略的角度,按照实证研究的基本思路来理解口述史研究传统,却没有充分注意到其理论基础即福柯的权力理论这一重要理论资源的深远影响。应星指出,在郭于华、孙立平主持口述史研究项目时,实际上中国乡村口述史读书小组与福柯读书小组一直是并行展开阅读的。[2] 正是在这个意义上,福柯的权力理论构成了口述史研究传统的理论底色,并应用于口述史研究的实践。[3]

1. 日常生活中的权力技术

福柯的理论体系深刻而复杂,其中权力理论构成了其整个理

---

[1] 孟庆延:《学术史视野下的中国土地革命问题——议题转换与范式变革》,《社会》2013年第2期。
[2] 应星:《"田野工作的想象力":在科学与艺术之间——以大河移民上访的故事为例》,《社会》2018年第1期。
[3] 除了下面将要讨论的两点之外,福柯的权力理论对生活世界中那些无名者的关注,在口述史研究传统中也得到了充分的体现。于福柯而言,权力之所以重要,是因为:一方面,它的阴影笼罩着无名者的世界;另一方面,权力也在其运作的过程中寻找到自己的突破口,当权力与无名者的生活相遭遇的时候,它便会展现那些模糊不清的乃至不可言说的无名者的生活,权力之光也会"通过照亮历史无名者的刹那捕捉到那些夹杂着美与恐怖的'生活的诗'"。在这个意义上,方慧容的研究实际上恰恰捕捉了那些无名者的"沉默",而口述史研究传统实质上也敏锐地把握了作为无名者的普通农民与权力相遭遇的历史瞬间。

论体系的重要组成部分。福柯以权力的配置(dispositif)为核心,对西方现代早期的权力运作机制做了独特的探究。同时,他的理论分析又是在对历史进行经验分析的基础上而做出的。福柯提出了治理术这一重要概念,以此分析西欧国家16世纪以来从中世纪的司法国家(the state of justice)到行政国家(administrative state)的转变。他认为治理术以人口为目标,以政治经济学为知识形式,以安全配置(apparatus of security)为根本技术工具,并且和整个统计学(statistics)所涉及的问题相关;在现代性的整个发展过程中,治理术越发成为一种权力形式而占据了突出地位,并导致了一系列特有的机器(apparatuses)的形成与一整套知识(savoirs)的发展。[1] 进而,福柯以"关于身体的规训技术"为切入点,揭示了现代刑罚体系是如何采用种种权力技术,来规训、管理和控制人的身体的。[2] 同时,他还通过对现代医学中精神病人的分析,揭示了现代资本主义体系是如何对灵魂进行规训并"生产"合乎"文明"的理性人的。

李猛以"日常生活中的权力技术"来概括福柯的权力理论,并将权力技术作为一项重要的分析性概念提炼出来。他指出,权力技术实际上是弥散在日常生活之中的,它进入日常生活的各个角落,渗透到社会成员的日常生活和自我建构之中。[3] 也正是在这个意义上,口述史研究传统非常关注乡村社会日常生

---

[1] 米歇尔·福柯:《治理术》,赵晓力译,载冯钢编:《社会学基础文献选读》,浙江大学出版社2008年版,第468—487页。
[2] 米歇尔·福柯:《规训与惩罚:监狱的诞生》,刘北成、杨远婴译,生活·读书·新知三联书店2003年版。
[3] 李猛:《日常生活中的权力技术》,北京大学社会学系硕士学位论文,1996年。

活中权力技术的运作过程。李康关于西村土改的研究,表面上揭示的是宏大历史进入底层社会的过程,但同时也展示了普通农民从原本不关心政治的普通人转变为新制度成员的历史进程。在这一过程中,权力技术不仅弥散在国家与农民之间,同时更是弥散在日常生活中,作用于农民与农民之间复杂的社会关系网络中。①

2. 作为效果史的身体与心灵

在福柯的权力理论中,身体构成了重要层面。这里的身体是一个混容的身体,在身体之上,铭记着一切事件、经历与欲望。应该说,福柯理论下的历史,乃是一部身体史②,或者说,福柯为我们呈现了有关权力技术作用于身体的效果史。

应星注意到了身体之于国家治理术的重要意义,通过对西南乡村1949年之后几个有关身体的典型案例的研究,充分展现了集体化时期国家政权塑造新人的努力及其复杂的权力实践过程。③ 郭于华有关集体化的研究,尽管看上去侧重于集体化的女性记忆层面,但承载这些女性记忆的乃是身体:养育孩子所形成的记忆实际上与身体的感受密切相关,因为一旦有了孩子,在当时社会经济条件下,妇女所承受的身体上的劳累和痛苦往往会更为沉重,而关于食物的记忆实际上则是对于饥饿与食物匮乏的记忆。④

---

① 李康:《西村十五年——从革命走向革命》,北京大学社会学系博士学位论文,1999年。
② 马学军、应星:《福柯权力思想中的史观、史识与史法》,《人文杂志》2016年第10期。
③ 应星:《村庄审判史中的道德与政治:1951—1976年中国西南一个山村的故事》,知识产权出版社2009年版。
④ 郭于华:《心灵的集体化——陕北骥村农业合作化的女性记忆》,《中国社会科学》2003年第4期。

此外,还需要注意的是,口述史研究不仅关涉身体这一及物的层面,同时更是关涉到了心态这一及心的层面。郭于华直接讨论了集体化运动所形塑的普通村民的心理状态,揭示了以妇女解放为核心的人的集体化与心灵集体化的相互建构过程。[1] 方慧容则揭示了诉苦与调查研究这两种权力技术与村民无事件境的记忆汪洋的遭遇,进而指出随着调查研究的考证化和诉苦的散落民间,二者以比早期更复杂也更深刻的方式发挥其权力功能。她通过无事件境这样一种心理状态和记忆特点为我们重塑了调查研究与诉苦本身对农民心灵世界的影响。[2]

行文至此,笔者在本章中对作为历史社会学的福柯的权力理论与历史研究的讨论已经基本告一段落;同时,笔者还对国内社会学研究中的口述史研究传统进行了分析,进而呈现了福柯的理论体系在本土人文社会科学研究中的效果史。实际上,随着近年来历史社会学在国内学术界的兴起,研究者们也愈发意识到"走出福柯"的重要性,因而开拓出了一系列历史社会学研究的新局面,并拓展了历史社会学的理论传统与研究脉络。在接下来的两章中,笔者将以近年来社会学研究领域中以源流为基本问题意识,以近现代中国社会结构革命与政治转型为研究议题的相关研究为例,来呈现历史社会学研究的新局面。

---

[1] 郭于华:《心灵的集体化——陕北骥村农业合作化的女性记忆》,《中国社会科学》2003年第4期。
[2] 方慧容:《"无事件境"与生活世界中的"真实"——西村农民土地改革时期社会生活的记忆》,载中国社会科学院社会学研究所编:《中国社会学》第2卷,上海人民出版社2003年版,第282—371页。

第六章　议题转换与范式变革
——近现代中国乡村社会结构转型研究的新视野

一、革命研究的多重演化：一个学术史的视野

中国共产党领导下的土地革命一直是学术界研究的焦点问题，无论是海外中国研究还是国内学术界，无论是历史学、政治学抑或是社会学和经济学，都从各自的学科角度积累了大量有关土地革命的研究成果，并且形成了具有鲜明问题意识、独特研究范式的诸多研究传统。在这部分中，我们将在学术史视野下，对既有的研究传统进行批评性回溯，以此进一步明确本项以查阶级的制度渊源为主题的研究与其他研究传统之间的关联。

（一）革命研究的社会转向

在具体进入研究传统的梳理之前，我们首先需要对美国学术界的中国革命史研究这一脉络中不同阶段的问题意识与研究范式

的变化做一简要说明。①

1. 有关革命的"政治哲学":史华慈与魏特夫

在海外中国研究领域,美国的中国革命史研究始终作为重要的研究范畴而存在。第一代对中国共产主义革命产生兴趣并直接从事中国革命史研究的西方学者,关心的核心问题在于毛主义究竟是不是极权主义。史华慈在1952年发表了他的重要著作《中国的共产主义与毛泽东的崛起》,率先提出了毛主义的概念,以区别于西方学术世界中流行的极权主义概念,他将中国的共产主义革命理解为经典马克思主义的某种特殊变形。他提出了这样一个核心问题:以某种信仰为基础的历史运动在多大程度上可以偏离最初的基本前提而依然保持它的特性?② 在他看来,毛主义的特征不在于理论层面,而在于战略层面,即一个按照列宁主义原则组织起来的,由于信仰马克思列宁主义的基本信条而充满活力的党组织,这个组织的群众基础则由农民所组成。毛主义的战略与外部环境密切相关,在前期,他选择将根据地建立在几省交界地区,从而远离行政和军事权力的中心地区;而在后期,则主要利用了民族主义情绪将农民组织起来,结合在一起,最终将中国共产主义运动推向了胜利。③

魏特夫则不同意史华慈将毛主义归结为马列主义的某种变形

---

① 之所以要对这一问题进行讨论,是因为在下文中将要集中梳理的有关土地革命的三种研究传统,实质上或多或少都受到了美国的中国革命史研究范式转换的影响。
② 本杰明·史华慈:《中国的共产主义与毛泽东的崛起》,陈玮译,中国人民大学出版社2006年版,第184页。
③ 本杰明·史华慈:《中国的共产主义与毛泽东的崛起》,陈玮译,中国人民大学出版社2006年版。

这样的判断,尽管在最初他并未直接处理中国的共产主义革命这一议题,而是通过对中国古代史的研究来回应史华慈的命题。在他看来,在中国社会中,社会生产方式并非如同马克思所定义的那样经历了奴隶制、封建制和资本主义的不同发展阶段,而是一直停留在所谓的亚细亚生产方式之中。魏特夫的研究引起了很大的反响与争论,他笔下的所谓东方专制主义的亚细亚生产方式,实质意涵在于包括苏联、中国等在内的社会主义制度,不过是东方专制主义的翻版罢了,因而把这些都归结为极权主义这一笼统和颇具意识形态色彩的概念。[1] 在魏特夫之后,鲍大可在其著作《共产主义的中国和亚洲:对美国政策挑战》一书中,更是在当时的冷战思维下,第一次直接将中国的共产主义定义为极权主义。[2] 除了鲍大可之外,继承魏特夫这一脉观点的主要是包括麦克莱恩等在内的一系列研究者,后者在1958年出版了《苏联政策与中国的共产主义:1936—1946》一书。[3] 在这些研究者看来,史华慈的最大问题就是没有考察当时共产国际以及苏联对中国的影响,也没有处理苏联革命与中国革命之间的关系问题。

接续史华慈观点与研究传统的是施拉姆(Schram),他强调要看到马克思主义基本原理同中国具体经验的结合情况,指出不仅要考察在二者结合中孰轻孰重,而且要考察二者是如何结合

---

[1] 魏特夫:《东方专制主义:对于极权力量的比较研究》,徐式谷等译,中国社会科学出版社1989年版。
[2] A. Doak Barnett, *Communist China and Asia: Challenge to American Policy*, New York: Harper, 1960.
[3] Charles B. McLane, *Soviet Policy and the Chinese Communists, 1931-1946*, New York: Columbia University Press, 1958.

的。[1] 迈斯纳则继续强调毛主义并非极权主义,而是马克思主义的延伸与阐发,因为毛泽东一方面保持着乌托邦主义的冲动,同时又根据中国国情,将马克思主义同所谓的民众主义有机地结合起来,塑造了毛主义主导下的共产革命。[2]

这一有关毛主义与极权主义的争论持续了十年之久。直到魏斐德的《历史与意志》出版以及其中关于农民民族主义的讨论,由此引发了对共产党动员农民民族主义强大能力的研究热潮,才将问题意识转换成了社会革命与大众动员关系的讨论。魏斐德认为,中国共产党的胜利源泉乃是抗日战争时期的农民民族主义,并强调共产党员具有农民民族主义的强大能力,以此回应苏联阴谋论和苏联影响说。[3] 魏斐德的这一研究内在蕴含的问题意识、他对农民民族主义的解释路径也为后来社会革命与大众动员的基本视角奠定了基础。

2. 社会革命与大众动员

在有关极权主义与毛主义关系激烈争论的时期,研究者或限于材料,或由于理论视角的局限,只将焦点汇聚在上层政治精英的身上,研究共产主义者本身的哲学思想与政治理想以及政治精英之间的权力斗争。这些研究都与下层社会没有直接的联系,而且在这一思路下,土地革命也还没有成为一个重要的议题。这种情

---

[1] Stuart R. Schram, "Chinese and Leninist Components in the Personality of Mao Tse-Tung", *Asian Survey*, Vol. 3, No. 6, 1963, pp. 259-273.
[2] 莫里斯·迈斯纳:《马克思主义、毛泽东主义与乌托邦主义》,张宁等译,中国人民大学出版社 2004 年版。
[3] 魏斐德:《历史与意志:毛泽东思想的哲学透视》,李君如等译,中国人民大学出版社 2005 年版。

况在20世纪60年代中期发生了转变:美国的中国革命史研究开始不只将中国共产主义革命作为毛主义或是极权主义来理解,而且将其作为一场社会革命和大众参与过程来加以考察。

实际上,在魏斐德的研究中就已经露出了此种转向的某些端倪,他所强调的对农民民族主义的关注,实质上已经开启了对共产主义革命下的中国乡村社会的讨论。因此,在20世纪60—80年代中期的这段时间中,美国学界对于中国共产主义革命的研究,采用的是大众运动、农村动员这类基本视角。换句话说,从60年代中期开始,海外当代中国研究领域的基本问题意识发生了重要转向,研究者将共产党政权所领导的革命实践作为一场社会革命与大众动员来加以考察。在这一问题导向下,土地革命开始成为重要的研究议题。赛尔登将革命胜利的原因归结为共产党政权通过土地革命实现了平等主义,利用群众路线赢得了人民群众的支持,因此将中国共产主义革命的胜利源泉归结为土地革命。[①] 而黄宗智的早期研究《共产主义运动中的知识分子、流氓无产者、工人和农民:1927—1934年兴国县实例》也是在这一基本思路下处理具体的苏区问题。在他看来,在共产主义革命的早期阶段,大量被从城市驱赶到乡村的知识分子,首先同农村中的流浪者和流氓无产者结盟,而中国共产党在早期为了在地方社会站稳脚跟,也将这些人作为革命的锐利锋刃,但是这就使党陷入了流寇主义的危险境地。为应对这一局面,中共正是通过土地革命和农民群众有组织地参与革命政权的斗争,充分将普通农民组织动员起来,并借此在

[①] 赛尔登:《革命中的中国:延安道路》,魏晓明、冯崇义译,社会科学文献出版社2002年版。

乡村社会中扎下了根,和农村基层社会建立起了纯正的联系。①

随着基本的问题意识从政治哲学领域的毛主义与极权主义之争转向将共产主义革命作为社会革命来理解,加之 20 世纪 70 年代末,研究者逐渐具备了到中国进行实地田野调查的可能,这一问题意识的转化带来了研究范式上的重要变化,即根植于社会史与地方史基础上的对中国共产主义革命的研究成为学术界的一个重要趋势。

以往的研究往往将这一转变理解为单纯理论范式层面的转变,强调这是从政治史到社会史的转向。例如黄宗智就认为,早期史华慈、魏特夫等人的研究尽管有很多争论与分歧,但他们都属于局限在权力斗争层面的政治史研究,并进而提出了共产主义革命的社会史视野。② 但通过上面的梳理我们会发现,这一转变并不仅仅是研究视角上的向上还是向下的问题,其背后蕴含的是两代学者所关注的核心问题意识的差异:史华慈和魏特夫关心的是如何理解毛主义与极权主义的问题,而以黄宗智为代表的第二代学者则认为共产党革命胜利的根本原因在于成功完成了社会动员,激发了大众对革命的参与。

正是在这一转变过程中,土地革命成为重要的研究议题和学

---

① Philip C. Huang, "Intellectuals, Lumpenproletarians, Workers and Peasants in the Communist Movement: The Case of Xingguo County, 1927-1934", in Philip C. Huang et al. eds., *Chinese Communists and Rural Society, 1927-1934*, Berkeley: University of California Press, 1978, pp. 5-28.
② Philip C. Huang, "A Comment on the Western Literature", in Philip C. Huang et al. eds., *Chinese Communists and Rural Society, 1927-1934*, Berkeley: University of California Press, 1978.

术研究的聚焦点。既然第二代学者将理解中国共产主义革命的要点放在了社会革命的层面上，那么以重新分配土地和划分农村社会结构（阶级划分）为主要内容的土地革命自然成为研究的重要议题。应该说，大多数有关土地革命的研究都是在这一背景下开始的。

3. 动员目标与现实效果

既然基本的问题意识已从毛主义是否极权主义转化为社会革命和大众参与，而土地革命被作为社会革命与大众动员的实现路径来加以理解，那么问题接踵而至：土地革命究竟在多大意义上完成了动员的任务？沿着这一基本疑问，学者就土地革命的现实效果展开了激烈讨论。

金一平和徐金一等人认为，共产党在中央苏区时期的土地革命在政治和经济两个层面都起到了战争动员的巨大作用[1]，而后来的学者则开始注意到单纯土地革命动员在效果上的局限性，例如，古德曼就认为农民参与革命与中共的分田之间没有逻辑上的直接因果关系[2]。

由此，问题进一步深入展开：苏区时期的分田运动在取得预期效果上是否存在着困难？而这种困难是否由于某种结构性因素导致的？韦思谛指出，中共之所以能够在乡村社会发动革命，其重要的依靠力量是本地的青年学生群体。这些学生作为中共力量深入

---

[1] 王才友：《土地革命的地方因应——以东固根据地分田运动为中心》，《开放时代》2011年第8期，第5—35页。
[2] David Goodman, *Social and Political Change in Revolutionary: The Taihang Base Area in the War of Resistance to Japan, 1937-1945*, Lanham: Littlefield Publishers, 2000.

乡村地区指导革命,并充分利用其本地人的优势发动自身的人际网络建立起乡村组织,同时,这些人也往往被派到非本籍的乡村地区指导革命。这就构成了所谓外来干部与地方干部两个群体,正是他们之间的张力使得土地革命没有达到预期的效果。[①] 韦思谛还指出,在江西苏区的分田过程中,地方干部与外来干部在分田等问题上存在着很多不同意见,地方干部往往会抵制侵害到自身宗族利益的土地政策,从而导致土地革命的效果受到一定的阻碍,而外来干部有时则会通过强制手段来清除这些障碍。[②] 上述这些冲突和张力往往会影响土地革命在实际运作中的动员效果。此类研究实质上都是在讨论和回应土地革命究竟在多大意义上实现了社会动员这样一个基本命题,因此,都可看作对土地革命的效果的研究。

(二) 革命研究的史学转向

有关中国革命史的研究在国内学界属于中共党史研究的范畴,发展到今天,虽然党史研究的史学化趋势[③]已经是一个不争的

[①] Stephen C. Averill, "Party, Society, and Local Elite in the Jiangxi Communist Movement", *The Journal of Asian Studies*, Vol. 46, 1987, pp. 279-303.

[②] Stephen C. Averill, "Local Elites and Communists Revolution in the Jiangxi Hill Country", in Joseph W. Esherick, Backus Rankins eds., *Chinese Local Elites and Partterns of Dominace*, Taipei: SMC Publishing Inc., 1990, pp. 282-304.

[③] 杨奎松曾经将中共党史研究划分为三个不同阶段:1979 年之前为第一阶段,主要特点是"将中共党史研究等同于政治宣传与政治教育";第二阶段是 20 世纪 80 年代,这一时期学界出现了一些不同于以往的新迹象,对中共党史上的一些重要问题出现了不同于以往的新说法,但是总体状况并没有根本扭转;20 世纪 90 年代至今的党史研究则构成了第三阶段,这一时期的研究无论从史实还是从史论抑或是从方法上都已经逐渐脱离政治领域而进入史学研究领域,其中最为突出的是史学方法在党史研究中的广泛应用。实际上,杨奎松所划分的这三个阶段,恰恰勾勒出了中共党史研究领域中呈现出的鲜明的史学化趋势。参见杨奎松:《50 年来的中共党史研究》,《近代史研究》1999 年第 5 期,第 178—202 页。

事实，但仍然存在着局限，在一定程度上依然没有完全走出平反-正名模式，这在有关土地革命的研究中亦有所体现。

其一，路线之争。所谓路线之争，是指在中共党史研究中，很多难点、热点问题以及由此引发的激烈争论，其研究与考证的目的往往是要证成某一历史人物或历史事件是否属于某一路线。落实到土地革命的具体议题中，路线之争集中体现为研究者经过大量考证，试图说明某一土地革命的具体政策在当时是正确的抑或错误的路线。例如，温锐、谢建设所著《中央苏区土地革命研究》将中央苏区土地革命的具体现实嵌套在"左"与"右"的政治叙事话语中，不断以路线斗争的方式来理解土地革命，用大量的篇幅讨论中央苏区早期土改中的阶级划分标准究竟是"左"还是"右"，从而使得具体而复杂的土地革命的历史进程成为路线史的缩影。[1] 杨奎松有关"五四指示"的讨论在一定程度上也存在这样的叙事逻辑。"五四指示"是对之前抗日统一战线下"农民交租交息，地主减租减息"的土地政策的一种调整，即开始主张实行"耕者有其田"的土地革命。这一土改政策引起党史界是否彻底的争论，因为当时并没有明确提出"耕者有其田"，而只是强调对地主进行清算减租的斗争，然而，随着清算斗争的深入，这场土地改革又陷入了"左"的危机。应该说，杨奎松对"五四指示"进行的考证诚然属于史学范畴，但其问题意识仍然在于"左"与"右"的判断，同时也包括下面即将提到的平反与正名。[2]

---

[1] 温锐、谢建设：《中央苏区土地革命研究》，南开大学出版社1991年版。
[2] 杨奎松：《1946—1948年中共中央土改政策变动的历史考察——有关中共土改史的一个争论问题》，载《开卷有疑：中国现代史读书札记》，江西人民出版社2009年版，第290—355页。

其二,平反-正名。所谓平反-正名,是指党史研究者通过不断的考据史料而希望达到对某个历史人物或历史事件的重新评价与定性。比如,某一时期的土地革命政策是否过火?土地革命的发起者究竟是为了完成战争动员还是为了农民的切实需要?

随着中共党史研究的逐步史学化,党史研究的青年一代的问题意识也发生了微妙的转化,他们逐渐不再局限于路线之争,而开始通过史料的搜集与考证去尝试解释历史现象。王才友有关中央苏区土地革命的研究就是其中的典型例子。通过对东固根据地分田运动的研究,王才友深刻揭示了土地革命中外来干部与地方干部之间的矛盾与张力。在分田运动中,地方干部的利益受到冲击,进而形成两大群体的冲突,这成为土地革命深入开展的主要障碍。①

(三) 革命研究的经济史脉络

在有关土地革命的研究中,除上述已经提到的美国学界的中国革命史研究所开创的研究传统与研究范式外,我国知识分子的社会经济史研究也是不可忽视的力量,这其中,又以20世纪二三十年代的陈翰笙、薛暮桥、孙冶方和四五十年代的傅衣凌为两条重要的研究脉络。

1. 陈翰笙与中国农村派

20世纪二三十年代,陈翰笙与薛暮桥、孙冶方等人为回应马

---

① 王才友:《土地革命的地方因应——以东固根据地分田运动为中心》,《开放时代》2011年第8期,第5—35页。

季亚尔关于当时中国社会性质的判断①,从 1929 年开始,先后在无锡、河北、岭南三个典型区域的乡村社会进行调查,并在此基础上形成了一系列研究论文,直接参与到当时有关中国农村社会性质的论战中去,构成了所谓的中国农村派②。

在理解中国农村社会性质这一问题上,陈翰笙所选择的切入路径是土地与农民关系。在其有关华南农村危机的研究中,他在以人口与劳动力作为主要标准划分农村阶级的基础上,集中分析了广东农村的土地分配与使用情况,对围绕土地而产生的复杂剥削机制进行了详细剖析,重点揭示了在残酷的封建剥削下,广东乡村社会中所发生的阶级分化、劳动力流失、农村凋敝等一系列问题。在以生产关系为核心的考察下,陈翰笙认为,当时的中国乡村社会并非资本主义性质,而是半封建半殖民地性质;同时,中国乡

---

① 1928 年,马季亚尔的《中国农村经济》一书出版。他认为中国社会自原始社会解体后,既无奴隶社会,也无封建社会,而只是一种由亚细亚生产方式决定的水利社会。资本主义传入中国以后,中国也就成了资本主义社会,因此中国的农村也就是资本主义的农村。陈翰笙并不认可这一观点,他认为马季亚尔所讲的农产品商品化早在中国宋代就开始了,这并不能作为中国农村社会性质判断的依据。陈翰笙认为,中国农业基本上是自给自足的自然经济,是封建性质的。为了回应马季亚尔并验证自己的假设,陈翰笙回国后和薛暮桥等人一起开始了针对中国农村的大规模社会经济调查。参见陈翰笙:《四个时代的我》,中国文史出版社 1988 年版。
② 20 世纪二三十年代,中国如何完成自身的现代化进程,成为当时学术界关心的重要问题。围绕这一问题,从理论的探索到具体的调查研究,从危机成因的分析到社会性质的判断,再到提供实际的解决方案,构成了民国时期有关中国社会性质和社会史的著名论战。在这场论战中,陈翰笙、薛暮桥等人发起成立了中国农村经济研究会,他们强调从生产关系的角度对中国农村社会性质进行判断,被称为中国农村派。与之相对的,王宜昌、张志澄等人侧重于生产力的讨论,他们认为对于中国农村社会经济的研究,在人和人的关系之外,要更充分注意人和自然的关系。他们从当时中国土地可以自由买卖和雇用劳动两个现象出发,认为当时中国农村经济中资本主义已经占据了很大成分,因此属于资本主义性质的经济,这一派构成了中国社会性质论战中的中国经济派。参见温乐群、黄冬娅:《二三十年代中国社会性质和社会史论战》,百花洲文艺出版社 2004 年版。

村社会的种种危机,其症结也不在生产规模与生产技术,而在于土地分配的严重不均以及土地所有权与使用权的分离,即大量占有土地却不事耕种的大地主的存在及其对贫农的剥削。在此基础上,陈翰笙等中国农村派学者强调,解决危机的出路既不是改进农业生产技术,也不是扩大农业生产规模,而是彻底废除不合理的制度,改变畸形的生产关系。① 如其所言:"我更明确地看到中国就是一个半封建半殖民地社会,废除封建的土地制度,进行土地革命,是解决农村问题的唯一正确的道路。"②

2. 傅衣凌与乡族势力

以陈翰笙为代表的中国农村派实质上以人口和劳动力等经济要素为核心内容,构成了以生活水平为主体的农村阶级划分标准。也就是说,用经济因素的生产关系来对社会性质进行判断,进而得出了有关中国社会半封建半殖民地的结论。与这一思路有所不同的是,傅衣凌尽管同样强调所有制结构,但他并没有像陈翰笙等人那样,从所谓生活水平这一要素入手来划分乡村社会的不同阶层,而是从乡村社会的既有土地制度及其所有制结构着手,考察由此产生的具体社会势力与社会关系。③

傅衣凌的研究主要集中在明清时期的佃农经济(契约文书)、农民斗争(奴变)、商业商人(手工业)。他希望通过对明清时期社

---

① 陈翰笙:《解放前的地主与农民:华南农村危机研究》,冯峰译,中国社会科学出版社1984年版。
② 陈翰笙:《四个时代的我》,中国文史出版社1988年版。
③ 参见傅衣凌:《中国封建社会和现代化》,载《傅衣凌治史五十年文编》,中华书局2007年版,第9—25页;傅衣凌:《论乡族势力对于中国封建经济的干涉——中国封建社会长期迟滞的一个探索》,载《明清社会经济史论文集》,中华书局2008年版,第79—104页。

会经济史的研究,回答20世纪二三十年代社会史论战与社会性质论战中所提出的有关中国封建社会的历史命题以及中国农村社会关系的现实命题。傅衣凌认为,处理这些问题的关键是要去处理土地制度,但是又不能简单地从土地制度本身去理解这一问题,而应该考察其他社会诸要素。他指出,秦汉以后,各个地方乃是一种自给自足的经济,名义上受命于中央,实际上自己可以做主。在这种地方分权制度下,土豪、士绅是地方上的主要政治与社会力量。① 他用乡族势力来形容这一力量,它是由血缘关系和地缘关系所组成的一种社会力量。这些人大部分属于非身份地主,他们不一定占有很多土地,有的是已失去现实政治地位的望族之后,但可以凭借其族大丁多的特点,在地方上拥有特殊势力,可以武断乡曲、豪霸一方。② 在傅衣凌看来,这些乡族势力可以左右土地交易,从而阻碍生产力的合理配置和有效发展。因此,只要乡族势力存在,那么无论怎样改良治理结构或者发展地方工业,都不能真正解决问题。需要注意的是,傅衣凌对于这一问题的判断尽管并非直接与土地革命相关,但却开启了一条以社会生产关系为切入点来进行社会经济史研究的传统,即从所有制结构以及在此基础上具体的人与人之间的关系出发去展开研究。

3. 社会经济史研究的新动向

经济史研究的新进展,特别是随着华南学派历史人类学研究

---

① 傅衣凌:《中国封建社会和现代化》,载《傅衣凌治史五十年文编》,中华书局2007年版,第9—25页。
② 傅衣凌:《论乡族势力对于中国封建经济的干涉——中国封建社会长期迟滞的一个探索》,载《明清社会经济史论文集》,中华书局2008年版,第79—104页。

的日益推进,其研究成果对于我们理解革命史又提供了新的视野。研究者们开始尝试将长时段内的社会史、经济史的变化状况作为理解一个地区土地革命的基本背景,其中较有代表性的是饶伟新关于赣南土地革命历史背景的研究。他从区域社会文化史的角度出发,对赣南地区的生态环境、经济结构、社会文化传统等因素进行了深入剖析,指出赣南地区从明初到清末发生了巨大的历史转变。特别是经历了大量移民之后的赣南地区,在土地革命前夕已经形成了闽粤流民、客家移民同赣南土著之间的剧烈冲突,并且在土客冲突这一层面之上,往往还夹杂着复杂的阶级冲突。由于移民涌入,人地关系趋于紧张,粮食供给严重不足,因此客籍的闽粤佃农同赣南的土著田主之间又产生了阶级意义上的矛盾冲突,并日趋尖锐。加之长期历史发展过程中所形成的各种乡族集团的政治博弈乃至武装械斗,土地革命前夕的赣南地区有着极为复杂的聚落格局和社区关系,这些都构成了中共赣南土改的基本历史背景。[1]

与美国学界的中国学研究中的社会史视角不同的是,饶伟新的研究理路并没有将不同社会阶层对于革命的不同反应作为社会史的实质内涵,他更关注的是长时段内的具体社会历史条件的变迁以及具体社会关系的变化(例如宗族、土客关系等)对于革命进程的可能影响。

(四) 动员的微观机制:口述史研究传统的发端与变化

在土地革命的研究传统中,清华大学孙立平、郭于华在20世

---

[1] 饶伟新:《生态、族群与阶级:赣南土地革命的历史背景分析》,厦门大学哲学系博士学位论文,2002年。

纪90年代发起的"二十世纪下半期中国农村社会口述资料收集计划"占据着相当的位置。在问题意识转变为作为社会革命与大众动员的土地革命之后，研究的基本视角开始偏向于微观史学，用口述史的方式处理土地革命问题实际上是在这一总体背景下产生的。① 口述史的研究传统，一方面是在底层史观和底层叙事前提下进行的历史重构与历史讲述的实践，另一方面又超越了单纯底层研究的领域与范畴，而将自身的学术关怀放置在对于共产主义文明的关注上。

1. 微观史观与底层叙事

毫无疑问，对于以农民的口述材料为主要资料的口述史实践而言，底层研究和底层历史都是其重要的学术资源。需要注意的是，尽管从总体趋势和背景上看，无论是口述史研究还是底层研究都处在中国革命的大众动员与社会革命的视角转换之下，但口述史中所蕴含的底层视角却有其独特的理论意涵。

郭于华曾经指出，口述历史提供了另一种历史的可能性。对于无法书写自己的历史甚至无法发出自己声音的底层人民，口述史研究并不是要为他们制造一种历史，而是力图拓展其讲述的空间，在其中，普通农民能够自主地讲述他们的经历、感受。②

在这里，与从精英转向大众的历史学家所展示出来的技艺不同的是，口述史研究强调的并不是在英雄史观和精英史之外重塑

---

① 当然，在严格意义上，口述史研究的小传统并不属于美国的中国史研究的范畴，笔者在这里之所以这样处理，只是想强调美国的中国革命史研究在发生了社会革命与大众动员这一问题意识的转变之后，对学术界产生了很大影响。在某种意义上，口述史研究传统也受到这一转向的影响。
② 郭于华：《作为历史见证的"受苦人"的讲述》，《社会学研究》2008年第1期，第53—67页。

一部不同的历史面向,而是希望通过以底层讲述为核心的口述史实践来"从普通人的日常生活构建历史",从而在主体性的意义上重新建立无名者的生活史。

口述史的实践对于理解 20 世纪上半期处于革命中的中国乡村社会而言,有着极为重要的理论意涵。在以往的研究中,中国革命的历史进程最初被理解为冲击-回应模式下对西方冲击的一种回应,继而又在传统-现代模式下被理解为对现代化进程的一种基于传统的、本土性的文化反应过程,这些研究都被柯文以中国中心观做出了整体性回应。中国中心观强调的乃是以中国本土的社会历史文化作为基础性视点,但是这里的中国中心在某种意义上依然只是历史学家的中国中心论而已。[1] 因此,口述史意义上的革命史研究的独特之处在于,它试图真正去处理中国革命的大众动员面向———建立在底层讲述与底层叙事意义上的大众动员。[2]

2. 个体生命与制度文明

口述史研究虽然试图通过口述资料来重构历史,但其学术旨趣并不局限于此。口述史研究围绕土地革命的社会过程,强调利用口述史实践的方法,勾连宏观历史背景与微观社会进程之间的关系,分析土地改革场景共产党政权在乡村社会中具体的权力运

---

[1] 柯文:《在中国发现历史:中国中心观在美国的兴起》,林同奇译,中华书局 2007 年版。
[2] 这构成了我们理解中国革命与土地革命的前提。只有在普通人讲述这一基本前提下,研究者才能通过对口述历史材料的分析进一步在历史与文明的意义上去理解革命的实践逻辑。郭于华、孙立平有关土地革命中诉苦这一权力技术与国家观念中介机制的研究就集中体现了口述史研究的穿透力。他们在对口述材料和底层讲述进行记录、还原的基础上,充分揭示了国家权力如何通过土地革命中诉苦这一权力技术,帮助农民建立起新国家的观念。参见郭于华、孙立平:《诉苦———一种农民国家观念形成的中介机制》,载孙立平:《现代化与社会转型》,北京大学出版社 2005 年版,第 383—407 页。

作逻辑及其历史后果。尽管口述史研究所提供的社会历史进程并不是绝对客观与真实的历史,但它提供了理解中国革命的另一种历史路径——建立在底层叙事意义上的对整体共产主义文明及其现实逻辑的历史观照。

实际上,我们并不能将口述史称为底层史,因为口述史实践的学术关怀并非仅仅在于解读一个村庄或某个地区的微观历史进程,而是要通过对发生在具体日常生活实践中的事件所进行的过程性分析,将宏大的历史进程与具体的个人生活贯穿起来,进而解析一种作为文明的共产主义的独特治理逻辑和微妙运作机制。正如刘新所评价的:"他们的研究目的,是要理解在不远的过去,日常生活世界有着怎样的形态,考察毛泽东时代政府的'权力实践',探讨农村生活如何被一种新型控制所渗透,这种特定的控制形式如何在生活中被吸收等问题,以及检视建基于共产主义意识形态和组织下,如何生成了新的惯习。"[1] 上述社会学研究中的口述史小传统尽管强调事件、过程等的重要性,但其基本的问题意识却指向作为一种文明的共产主义。

口述史研究传统敏锐地把握住了土地革命中苦这一底层叙事中呈现出来的社会性表达。在研究者看来,苦并非个体性的情绪化表达,在整体国家政权建设与革命历史进程这一基本框架下,底层叙事中苦的表述实质上具有了普遍性的意义。我们只有在社会的、历史的面向去理解苦的含义,才能回答下列复杂的问题:普通人如何在宏大的社会工程或社会实验中容身与适应?作为社会底

---

[1] 刘新:《为了忘却的纪念——一个关键研究个案的批判性评论》,《清华社会学评论》2002年第1期,第308—342页。

层的普通农民又如何在其中生存？如何经历、感受和评判这一历史过程？他们的生活世界和精神世界因而发生了哪些改变？这些都需要研究者认真倾听和思考。

局限于一个或几个村庄的底层叙事文本中，受苦人对于苦难的讲述在口述史的文本中呈现出了远远超越个体性痛苦的意涵，这其中包含着对共产主义文明的整体观照，无论是共产主义文明的运作逻辑还是这一社会实验的历史效果，都在其中得到了具体呈现。

3. 权力实践与心灵的效果史

既有的作为大众动员的土地革命研究，更多处理的是权力、利益等层面的具体问题，而建立在底层叙事基础上的口述史研究并不局限在权力实践的单一面向上，而是尝试将土地革命场景中的权力实践与农民整体的国家观念、精神结构乃至革命的心灵后果一同勾画出来。

郭于华、孙立平通过对诉苦这一权力技术的过程-事件分析，呈现了革命进程中农民国家观念形成的微观历史进程。研究指出，诉苦将农民日常生活中的种种困难提取出来，并通过阶级这种中介性分类范畴与更宏大的国家、社会等话语建立联系。[1] 李康通过对华北西村土地革命的口述史研究，呈现出了在精神气质与心灵结构这一层面，革命对于普通农民的历史形塑。文章指出，农民在土地革命的权力实践过程中，逐渐接受了国家主导的革命意识形态的精神结构，并和自身日常生活世界中的逻辑相互融合，从而完成了从革命到革命的转变。

---

[1] 郭于华、孙立平：《诉苦——一种农民国家观念形成的中介机制》，载孙立平：《现代化与社会转型》，北京大学出版社2005年版，第383—407页。

最值得注意的是方慧容有关华北西村无事件境的集体记忆特征的研究,她以口述史的方式提出了极具社会学想象力的学术命题:在土地革命的过程中,权力究竟是如何形塑普通人社会记忆的,以及被形塑之后的集体记忆,又是如何反过来塑造村庄的历史书写的?研究者从研究中的意外——被访者接受访问时呈现的有关事件的模糊记忆与官方史书中的清晰记载之间的张力入手,围绕诉苦这一土改场景中的权力技术,提炼出了无事件境这一理解中国乡村社区集体记忆特征的重要概念。它是一种特殊的事件记忆心理,即普通农民并不按照时间序列对生命历程中的各种重复事件进行分类的模糊记忆状态。作者指出,调查研究和诉苦的发明都源于以跨地方的事件发生重划个人生活节奏,进而实现对农村社区的重新分化整合的努力。前者同划成分相连,后者同塑造一种新的集体认同相连。但是调查研究的考证化和诉苦在遭遇农村社区时所面临的最大障碍就是无事件境记忆的汪洋。[1]

(五) 对上述研究传统的几点批评性讨论

1. 分析的抽象:海外中国革命史研究的困境

在美国学界的中国革命史的研究范式之下,既有研究存在如下问题:

其一,围绕毛主义和极权主义之争的最大问题在于,两种观点中无论哪一派都将具体的论述过程转化成了中共高层领导人

---

[1] 方慧容:《"无事件境"与生活世界中的"真实"——西村农民土地改革时期社会生活的记忆》,载中国社会科学院社会学研究所编:《中国社会学》第 2 卷,上海人民出版社 2003 年版,第 282—371 页。

之间的权力斗争,从而用较为抽象的方式来处理中国的共产主义革命究竟是不是极权主义这一重要理论问题。与此同时,由于研究资料等的限制,以及问题意识本身的特殊性与限定性,这一时期有关这一问题的争论人为地割裂了上层政治人物与下层社会之间的关系,割裂了国家权力实践与现实社会进程之间的关系。

其二,无论极权主义范式还是社会革命范式,一个共同存在的问题就是对于核心问题的抽象化理解。就极权主义范式而言,研究者将一切都抽象成政党领导人、政治精英之间的权力斗争和派系关系;而就社会革命范式而言,这一抽象化理解则是指其抽象的社会史研究进路,简单来说就是在分析中国社会某一地域的区域社会文化时,所使用的却是阶级分析的基本路数。以黄宗智对于兴国县的分析为例,其文中归纳的流氓无产者、知识分子、贫苦农民等所沿用的完全是抽象的理论概念——这些分类本身就是一些并不容易落实在社会生活实践中的概念分类,那么这一研究还能在多大意义上被称为社会史本身就是一个疑问。因为阶级划分本就是对于具体的、活生生的人的一种简单归纳,即按照经济关系来抽象人与人之间的一切社会关系和伦理关系,在这种情况下划分出来的贫农、中农、富农、雇农乃至所谓的流氓无产者只是经济上的关系,他们在现实历史中的社会关系和伦理关系是怎样的呢?这是既往的社会史视角所存在的一大问题。实际上,这样一套阶级划分的标准并不能和中国社会的现实状况完全对接。以富农问题为例,在苏联布尔什维克的划分中,所谓富农实际上是指当时苏联存在的小农场主,它是一个资本主义范畴内的概念,因此苏联的社会主义革命自然强调对富农的革命。但是当富农这一阶级成分被用到分析中国乡村社会时,就出现了很大的麻烦,因为在中国乡村社会中,并不存在这样一个资本主义农场主的富农群体,因此,最麻烦的就是需要重新界定究竟谁是富农。由此看来,我们需要明确这场阶级划分实质上是一个给中国乡村社会中的人贴标签的过程。

其三,当土地革命成为研究的重要议题之后,研究者实际上更多考察的乃是共产党政权的社会经济政策与不同社会群体之间的关系问题。早期的美国学者认为社会经济政策与革命的目的之间是相吻合的关系,后来才有了对土地革命究竟是否成功的批评与反思。然而即便到了批评与反思阶段,依然存在着一个非常要害的问题没有引起人们的注意,即共产党所采取的包括土地革命在内的社会经济政策纵然与革命的总体目标有着不尽一致的地方,那么它究竟是怎样协调、弥合这些张力的?又是怎样在这一过程中,发展出了怎样的组织技术,进而生成了何种政治文化与治理传统的最初形态的?正如笔者将在第七章讨论的那样,笔者之所以提出制度源流这一问题意识,正是要尝试去处理政治文化与治理传统的发生学问题。

2. 叙事的陷阱:史学研究领域的局限

经历了史从论出到论从史出转变的中共党史研究,依然存在着两个层面的问题:

其一,平反-正名模式的内在局限。在这里,中共党史研究领域需要面对的一个棘手问题是:如何进一步打破平反-正名这一总体问题意识和思维惯性的限制?也就是说,如何能够让中共党史研究无论从方法上,还是从问题意识上都完成其自身的学术化过程,这一点尤为重要。我们固然要通过严谨的史料考证来澄清历史事实乃至孰是孰非,但在这一过程中,很多更重要的共产主义文明的意识形态、运作机制乃至制度本身的发生过程与实践形态都被忽视掉了。在这个意义上,中共党史研究视域下的土地革命问题,首先可以尝试跳出某一阶段的土地政策处于哪条路线、是"左"还是"右"这样的问题逻辑,而尝试在共产主义文明的层面上、在制度的发生学与政治传统的发生学的意义上去重新提出问题,拓展思考路径。

其二,随着中共党史研究领域与美国学界的中国革命史等其他研究传统的交汇,中共党史研究也出现了地方史转向的趋势。但是与美国的中国革命史研究一样,中共党史研究的这一地方史的转向和努力在尽量抛离平反-正名模式的同时,也存在着自身的局限,即当问题从路线之争和"左倾""右倾"之争转化成了具有地方史意义的来自不同系统之干部的利益冲突时,如何进一步从地方史进入社会史就成为一个棘手的问题:我们不能简单地以地方干部和外来干部有着不同的利益诉求来理解苏区的土地革命及其失败。相较于此,更为值得探讨的问题或许在于:这些不同的干部群体有着怎样的社会属性和精神气质?这些历史的具体担纲者和行动者本身有着怎样的传统、气质和惯习?他们与地方社会之间在血缘、宗族、地缘乃至土客的意义上是怎样的关系?这些恰恰是目前已经呈现出鲜明史学化特征的中共党史研究正面临的切实问题。在这个意义上,无论是美国的中国革命史研究的社会史取向,还是中共党史研究中的地方史取向,都急切面对着如何从利益层面的精英学转向精神气质层面的人物学问题。

3. 时间的脱节:社会经济史研究的不足

如果将陈翰笙与傅衣凌的研究归到社会经济史这一标签之下,那么这两种研究传统则呈现出了双重的脱节特征:

其一,生产关系与社会关系的脱节。陈翰笙等人有关华南农村土地问题的研究以及半封建社会的判断,实际上是用以经济要素为核心的生产关系完成了对包括血缘、宗族、地缘等要素在内的社会关系的替换。在这个意义上,以人口、劳动力为标准的生产关系在何种意义上可以完整呈现乡村社会的具体分化方式就构成了一个重要疑问。对于华南地区而言,族田、族产与佃农、地主和农民之间的关系,并非只是单向度经济意义上的剥削关系。在宗族组织发达、客家移民聚居的社会历史条件下,族田、族产与佃农之间、地主与农民之间都可能同时存在着更为复杂的积极与消极面向:地主与农民之间既可能是同一家族的庇护关系,也可能是土客分野的对立关系。但无论何种具体情境,都并非单纯经济要素意义上的阶级分化所能够涵盖的,这也就构成了中国农村派泛阶级化的分析理路所存在的内在局限与张力。

其二,社会史研究进路与革命史研究的脱节。在一定意义上,傅衣凌重视所有制结构之社会基础的社会经济史研究进路乃是具体的社会史研究,而且更多是从区域社会文化的视野出发来思考问题。这样的确可以避免抽象地处理社会史问题,即避免将社会史视角简单理解为脱离具体社会历史环境的、贴上了各种阶层或者阶级标签的群体对于革命的反应与行动。但是,这一研究传统的最大问题在于,它在有意无意间割裂了革命史与社会史之间的关系。事实上,饶伟新尽管揭示了土改前赣南地方社会包括宗族、土客、阶级等在内的极为复杂的历史要素,但整个研究却并未回答这样一个问题:这些历史因素在后来的赣南土改过程中都起到了怎样的作用?我们也无从知晓:在中国共产党土地革命的实践过程中,在中国共产党作为一个独立的政党组织生产自己的政治文化和统治传统的过程中,这些地方性的要素都发挥了怎样的作用?这些要素与政党本身的政治理念、组织架构之间怎样融合、发展与流变?这些未解的议题使得社会经济史这一脉络的研究同样也陷入重史实而轻史识的困境中。这些研究很精致,也很具体,但是却因为社会史与革命史之间的脱节而流于琐碎,从而以碎片化的方式呈现出来。

4. 理论的陷阱:口述史研究的不自足

口述史研究传统随着时代的推移而声势渐小。我们如何理解这一现象?口述史研究传统有着怎样的内在局限?这一研究传统真的消失了么?

实际上,口述史研究的局限分别呈现在材料、问题等方面。

其一,历史书写的真实性困境。口述史致力于探寻来自底层的日常生活的历史,以揭示更为复杂与真实的历史图景。然而,正如方慧容在其有关无事件境的研究中所呈现的那样,农民的生活世界本身就具有无事件境的特征,同时又被权力不断形塑,这种情况下根据口述材料所还原的历史,究竟是真实与客观的历史,抑或已经是被权力形塑过的历史表达呢?在土改中,农民已经在用空白、沉默和笑话来抵抗权力对日常生活的入侵,那么口述史访谈过程中本身遭遇的无事件境何尝不是另一种抵抗方式呢?

其二，口述史研究传统由于其特定的实践方式，受到自然时间的限制而只能将问题的论域集中在某几个时间段内。例如，如果今天要去做有关1947年左右的土改口述史研究，就已经存在着很难找到可以完整、清晰讲述当时历史处境的亲身经历者的现实情况。因而，口述史研究无力处理制度与文明的起源及其早期流变问题。

其三，口述史研究传统重点在于呈现日常生活中的权力技术，呈现了丰富的革命在地过程。但是这一研究传统，也和20世纪80年代以来当代中国研究中的地方精英视角一样，有着陷入单一权力-利益解释脉络的危险。如果我们仔细考察李康关于西村的研究就会发现，这一研究涵盖了诸多土地改革时期西村复杂的派系斗争，以及普通农民之间争权夺利的故事。一旦口述史的实践者缺少更为广阔的社会史视野，那么口述史研究传统对革命的在地过程的解释逻辑，也非常容易陷入争名逐利的理性人解释路径之中，反而失去了口述史研究的生命力及其关于共产主义文明的总体关切。

二、延续与转向：制度源流与发生学问题

（一）问题意识的转换：制度源流与担纲者

应星提出将革命论题带回社会学的研究视域[1]，提出以经史

---

[1] 应星：《"把革命带回来"——社会学新视野的拓展》，《社会》2016年第4期。

路径整全性地理解共产主义文明①,并围绕相关议题展开了一系列研究。这些研究多以档案文件等作为材料,似乎已经与口述史研究没有太多关联,甚至是对口述史研究传统的一种反叛,同时,又和传统的近现代史研究、党史研究以及海外中国研究的问题意识、方法路径都不尽相同。实际上,这一研究是以制度源流为核心问题意识的,笔者亦是在这一问题意识之下尝试展开有关土地革命的再研究的。具体来说,这一新的研究方向的开启,肇始于在问题意识层面发生的两个维度的转换。

其一,前文我们已经提到,口述史研究无力处理共产主义文明的发生学问题——这也就构成了在问题意识层面从实践形态到制度源流的转换。例如,本章笔者所关心的查阶级问题,就是在制度源流的意义上开展的一系列新的研究尝试,即重点讨论土地革命中用以重新界定个体社会身份并分配土地的查阶级,在思想史与社会史意义上的发生学问题:查阶级的组织动员技术,究竟从何而来?换言之,中国革命的实践过程中何以产生出这样一种组织动员方式?其背后又蕴含着怎样的理念(idea)?

其二,追寻制度源流还面临着更为具体的问题。如果只是平列式地呈现档案文件中所见的制度更替,并不构成社会学的论题。研究者们关切的更深层次的问题在于:这些制度在其生发与流变的过程中,究竟有哪些历史担纲者起到了关键的作用?制度是由活生生的人在实践中创造出来的,因而,研究者们从如下角度提出

---

① 应星:《"以史解经"与中国共产主义文明研究的整全性路径》,《开放时代》2021年第4期。

了新的问题意识：一项制度的创设，究竟是由具有怎样性情倾向、负载着何种思想资源的革命者所完成的？他们所具有的精神气质本身和制度本身的理念及其实践特征有何关联？具体到查阶级问题：在这一组织动员技术不断演化和实践的过程中，有哪些历史担纲者起到了关键的作用？这些人又具有怎样的精神气质？都是些什么样的革命者，在什么样的革命实践中，造就了查阶级这样一种传统？

在研究所使用的材料从口述转为档案文件这一表象背后，口述史研究对共产主义文明这一问题传统的关切实质上延续下来，同时进一步深化，即从过去对实践形态与运作逻辑的关切延展到了制度源流的问题意识之上，研究的焦点也从权力技术视角下注重对普通人在历史场景中的微观过程分析转换到了关键担纲者的制度实践及其背后的精神气质与历史处境之上。

(二) 理论视域的拓展：韦伯与陈寅恪作为理论资源

口述史研究以福柯为理论底色，在问题意识层面对革命场景下权力技术的社会过程做了深入的挖掘，从而推进了我们对革命的深入理解。而当前问题意识层面所发生的制度源流与担纲者的转换背后，实际上是新的理论视域的拓展。

在本书第三章，笔者详细阐述过陈寅恪的史学研究传统的总体问题意识及其展开路径。这一传统提示我们，在有关共产主义文明的历史社会学考察中，从社会发生学的角度追溯制度的起源与流变乃是重要的学术议题。因为这一文明形态及其制度设计并非基于纯粹的理论设计，而是在实践过程中，由那些关键的历史担纲者具体推行,并在同诸多原有社会结构与社会秩序的不断碰撞中产生的。

除了陈寅恪之外,韦伯也为我们拓展既往口述史研究的问题意识提供了可资借鉴的理论资源。韦伯在分析现代资本主义何以在西方兴起这一议题时曾经追问:一群经历了宗教改革的基督新教徒究竟有着怎样的精神气质,使得他们成为资本主义精神得以形成的重要担纲者?韦伯尤其关注文化类型意义上某一群体所负载的性情倾向与精神气质,并以此为理想类型,勾勒出具有某种精神气质的身份群体与文明形态之间的亲和性关系。

综上,韦伯与陈寅恪关于制度源流与身份群体的讨论,实质上构成了研究者接续并拓展口述史研究传统问题域的重要理论资源。

(三) 历史情境的还原:从微观史到社会史

既往的革命史研究往往通过具体的个案来呈现革命的地方过程。但我们通常只是将地方作为背景加以理解而忽视地方独特的风俗与民情(mores)的实质意涵。也正是由于缺少了对地域社会维度的观照,我们关于微观行动的解释容易流入权力-利益的抽象解释逻辑中去。实质上,年鉴学派所强调的结构—情势—事件的三重维度中,我们只是取了事件这单一维度。

对于理解一项制度与文明形态的源流而言,事件发生的具体社会情境往往有着关键的影响。关键的历史担纲者也是在面对不同地域所具有不同历史情境与民情的基础上,推进着制度的演进以应对实践过程中产生的问题。在这个意义上,华南学派的社会史研究对革命研究有着重要的启发意义。他们长期关注地域社会中中长时段的社会形态,揭示了宗族组织、土客关系、民间宗教以及市场墟镇等理解地域社会的重要元素。[1]

---

[1] 具体可参见郑振满:《清代闽西客家的乡族自治传统——〈培田吴氏族谱〉研究》,《学术月刊》2012年第4期;饶伟新:《生态、族群与阶级——赣南土地革命的历史背景分析》,厦门大学哲学系博士学位论文,2002年;刘永华:《墟市、宗族与地方政治——以明代至民国时期闽西四保为中心》,《中国社会科学》2004年第6期。

第七章 源流研究的理论与方法
——历史社会学的本土实践

一、历史社会学的理论传统与内在张力

在前文中笔者已经指出,目前的国内学术界,对于历史社会学这一语词,有着不尽相同的理解。既有人将其作为社会学的一个分支学科加以看待,亦有人将其理解为一种激活社会学研究的理论资源与研究视野。从这个角度来说,我们可以这样认为:历史社会学这一概念有着狭义与广义之分。丹尼斯·史密斯首先将历史社会学区分为两次浪潮,即18世纪中期以马克思、韦伯和托克维尔等古典社会学理论家为代表的第一次浪潮,和二战后从20世纪60年代至今的第二次浪潮。[1] 进而,他又将二战后的历史社会学划分为如下三个发展阶段:第一阶段是20世纪60年代中期以艾森斯塔德、李普塞特等人为代表的以资本主义制度的生成史与正当性为主要问题意识的研究;第二阶段是在马克·布洛赫和诺贝

---

[1] 丹尼斯·史密斯:《历史社会学的兴起》,周辉荣等译,上海人民出版社2000年版,第2—3页。

特·埃利亚斯的思想传统影响下,以巴林顿·摩尔和 E. P. 汤普森为代表的,围绕民主体制、专制制度以及不平等问题的研究;第三阶段则是开始于 20 世纪 70 年代中期,随着冷战格局的渐趋瓦解,佩里·安德森和沃勒斯坦围绕新的世界体系与整体政治经济格局所做的一系列研究。[①]

所谓狭义的历史社会学,即是从 20 世纪 60 年代中后期开始在美国兴起的,以巴林顿·摩尔等为代表的作为分支社会学的学问体系。而所谓广义的历史社会学,一方面是指社会学乃是一门能"从经验、历史和观念的综合层面,从结构、机制和行动的多重维度出发,见微知著,通过一个个具体现象来呈现经验总体的构成逻辑以及不同区域和文明相互碰撞和交织而成的世界历史"[②]的总体性学问形态;另一方面,又是指将历史社会学作为可以涵括更多理论传统,进而重新激活社会学想象力的总体视域。无论是狭义抑或广义,不同学者在上述方向上的探索与努力都在实质上对今天中国社会学的发展有着重要的意义。与此同时,上述不同理解也在理论传统、问题意识、研究议题以及研究方法上构成了历史社会学的内在张力。

就理论传统而言,所谓狭义的历史社会学主要依循的,乃是源自年鉴学派的长时段研究方法以及以宏观比较历史分析为主的理论范式,而广义的历史社会学则试图从包括韦伯、马克思、托克维

[①] 丹尼斯·史密斯:《历史社会学的兴起》,周辉荣等译,上海人民出版社 2000 年版,第 6—7 页。
[②] 渠敬东:《返回历史视野,重塑社会学的想象力——中国近世变迁及经史研究的新传统》,《社会》2015 年第 1 期。

尔等在内的古典社会学脉络中寻找理论资源。不唯如此,研究者们还从中国的经史传统中汲取营养,并尝试突破历史学与社会学之间的学科藩篱。

同时,上述两者在问题导向与具体议题方面亦呈现出了一定的差别。作为分支学科的历史社会学,目前已经呈现出了较为明确的议题边界,即围绕以政教关系、国家(帝国)形态、政治结构等为主题展开的一系列研究。这样一种议题边界的确立,实际上和20世纪60年代中后期美国整体的社会状况有着密切关联:二战后取得世界霸主地位的美国,在当时既面对着其国内所固有的种族问题、性别问题等权利平等问题,同时又同以苏联为首的社会主义阵营处于冷战对峙的状态。由此,美国社会内部开始反思自身的资本主义政治经济制度,并逐渐正视与自己有着完全不同政治体制、价值理念的其他文明类型,围绕帝国政治、革命战争、宗教民族以及关乎平等问题最核心的教育议题等展开了一系列研究。也正是在这样的情况下,我们才能理解摩尔对民主与专制问题的历史社会学考察[1],也才能理解艾森斯塔德围绕帝国政治体系的研究[2]。实际上,国内的很多历史社会学研究者在其自身研究过程中,也体现了这样一种问题边界。严飞、曾丰又将国内的历史社会学研究主题区分为革命、国家治理和教育再生产这三个维度[3],而

---

[1] 巴林顿·摩尔:《专制与民主的社会起源:现代世界形成过程中的地主和农民》,王茁、顾洁译,上海译文出版社2013年版。
[2] 巴林顿·摩尔:《专制与民主的社会起源:现代世界形成过程中的地主和农民》,王茁、顾洁译,上海译文出版社2013年版。
[3] 严飞、曾丰又:《历史社会学的本土自觉——革命、国家治理与教育再生产》,《学海》2018年第3期。

在具体研究中,孙砚菲则围绕前现代帝国的政治与宗教问题展开了相关研究[1]。

与之相对应的是,将历史社会学理解为一种总体视野的研究者们,在具体的研究议题上体现得更为广泛。应星将这样一种取向的历史社会学研究的主要议题概括为如下几个方面:其一,以礼制、官制和世变为主题的关于中国传统社会的研究;其二,以思想史钩沉、社会史发掘为主要方式的围绕民国时期士风、民情与政治架构的研究;其三,关于中国近代社会革命与社会转型的革命史研究;其四,关于社会主义集体化的一系列研究。[2]由是观之,秉持着广义历史社会学理念的研究者们,扩展了研究议题的边界,除了革命、国家形态、政治架构等问题之外,还囊括了关于士风、民情、传统社会的伦理体系与政治机制等议题,而且他们并未将工业资本主义以及现代性问题作为时间线索上的切割点,而是将中国历史与文明理解为一个绵延的社会历史进程。

两种历史社会学取向还带来了方法路径上的差异。作为分支学科的历史社会学研究者们更多沿袭宏观比较历史分析的研究方法,强调通过对多文明类型、多国家形态的宏观历史比较,来对历史进程中造成不同政治、经济与社会后果的历史变量进行归纳与化约,并强调在理论表达层面的提炼,对既有的理论模型进行修正或者创新。因此,在这样的问题意识与方法路径之下,他们也更多

---

[1] 孙砚菲:《零和扩张思维与前现代帝国的宗教政策——一个以政教关系为中心的分析框架》,《社会学研究》2019年第2期。
[2] 应星:《略述历史社会学在中国的初兴》,《学海》2018年第3期。

依赖二手资料。从总体上看,这样一种取向的历史社会学研究,在方法路径上更多依循了查尔斯·蒂利所提出的大结构、大过程和大比较的研究进路。而对于另一种历史社会学取向的研究者来说,他们在研究路径上则呈现出更为多样的状态,这其中既有以思想史、学术史和社会史相结合的方法路径展开的一系列具体研究,亦有从组织研究和政治研究角度展开的对中国传统政治架构与治理机制的研究,还有通过对一手资料(档案、文献以及经学文本)等的系统梳理与解读所展开的对传统社会伦理体系和近现代社会革命的研究。

上述差异乃是出于对历史社会学学问形态的理解差异而造成的,同时也是历史社会学学术传统内在张力的具体呈现。然而,必须指出的是,若将历史社会学作为一种总体学问形态,并尝试以此从历史社会学的古典传统中汲取理论资源,那么研究者们必须在研究中清晰呈现自身的问题意识与方法路径,在本部分中,笔者将以近年来历史社会学研究中的"制度源流"这一问题意识及其关涉到的一系列具体研究为例,讨论一种面向中国本土历史与社会研究的可能路径。

二、源流研究的问题意识:渊源流变与发生学问题

问题意识对于理解研究传统和研究范式有着非常重要的作用。所谓问题意识,并非研究问题本身,亦非某个研究的具体议题,而是指向更为宏观的学术关怀(concern)。因此,尽管美国历

史社会学的宏观比较历史分析范式可以溯源到韦伯的社会学传统[①]，但是它们之间的问题意识却不尽相同。宏观比较历史分析通过对不同文明诸多变量的历史比较，探究不同政治经济制度得以产生的普遍性要素并努力得出某种规律性阐释，但其本质乃是在不同文明类型的历史线索中，以现代文明为聚焦，在纵向的历史时间中进行着求取最大公约数的探索工作。而韦伯的比较文明研究则不尽相同，他所做的工作并非在政治经济制度与不同文明的宗教基础之间建立所谓的因果关系这么简单，也并非通过比较分析找出影响不同文明迥异历史走向的那些变量因素，而是尝试勾勒出不同文明生成不同制度形态的历史与社会轨迹。[②] 因此，如果说宏观比较历史分析的努力在于揭示那些历史变量的影响机制的话，韦伯的核心观照则在于勾勒不同制度形态的宗教与文明历史渊源及其发生学过程。

实际上，韦伯、埃利亚斯在其研究中所呈现出来的文明发生学的问题意识，在中国传统史学中亦有着体现。在这其中最具代表性的，乃是本书第三章中所具体介绍的陈寅恪关于文明的总体历史的源流研究。渊源流变的问题意识贯穿于陈寅恪的整个学术生涯。他早期关于佛教传播史的研究，其实质是利用自身掌握的语言学工具，通过对佛经译本的对勘以及佛经汉译过程的考察，讨论佛教在传播过程中究竟是如何调和自身教义系统中与中国传统社

[①] 应星：《从宏观比较历史分析到微观比较历史分析——拓展中国革命史研究的一点思考》，《江苏社会科学》2018年第3期；应星：《经典社会理论与比较历史分析——一个批判性的考察》，《社会学研究》2021年第2期。
[②] 马克斯·韦伯：《中国的宗教；宗教与世界》，康乐、简惠美译，广西师范大学出版社2004年版。

会政治伦理不相适应的部分的。同时,陈寅恪还讨论了当时的士大夫群体在改造俗文学运动中所起到的重要作用,以及佛教经典融入俗文学的历史进程。在这样的基础上,陈寅恪在思想史的意义上揭示了所谓儒释道三教合一的思想体系内在的历史源流及其合流演化过程。由此,陈寅恪史学研究传统所蕴含的乃是一种关于文明演化的总体史观。他所做的努力,在于理解处于尚武民族军事冲击与以佛教为代表的外来思想文化冲击之下,中华文明是如何在具体情势下吸收了外来文化、制度与思想,并最终融合成新的制度结构与文明形态的。

正是在上述渊源研究与发生学研究的问题意识启发下,应星等人开始尝试以中国共产党的政治文化源流分析作为自身的问题意识,展开了对中国近现代社会革命与社会转型的研究[1],进而围绕中国共产党的组织制度(民主集中制)和动员技术(查阶级和调查研究传统)展开了具体的个案研究。近5年来,应星围绕民主集中制这一组织制度的渊源流变展开了一系列研究。他围绕苏区革命时期"万安暴动"这一历史事件及其中重要领导人曾天宇所做的考察,表面上看只是对历史事件的过程性分析,但其实质意在理解民主集中制在最初时期的实践形态[2];而他对东固、延福两个革命根据地的比较研究,看上去是讨论革命根据地的社会基础,但其核心旨趣在于理解共产党是如何在一定的社会文化条件与区域地理

---

[1] 参见应星:《"把革命带回来"——社会学新视野的拓展》,《社会》2016年第4期;孟庆延:《社会学视野下的中共制度史研究——理论传统与"问题意识"》,《中共党史研究》2019年第1期。
[2] 应星、李夏:《中共早期地方领袖、组织形态与乡村社会——以曾天宇及其领导的江西万安暴动为中心》,《社会》2014年第5期。

的基础上逐步建立起革命纪律与组织机制的①。在随后的研究中,应星还对中央苏区时期主力红军的整编以及军队内部组织结构的建立进行细致研究,由此去理解革命军队初建之时是如何解决军队内部由地域、派系等差异所带来的张力,并逐渐建立起统一的组织机制的②;同时,他还以党、政、军关系的实践形态为聚焦点,围绕红军"伴着发展"战略的缘起、形成与实践展开了细致研究,对军队与地方党委关系、军队与地方苏维埃关系、中央红军与地方武装关系的复杂状态进行了系统梳理③。从总体上看,上述研究纵然在研究议题上不尽相同,但其内在问题意识都在于理解民主集中制这样一种组织制度在其发轫之时的具体形态,及其在历史进程中的渊源与流变。

笔者近十年来围绕中国共产主义革命中的土地革命问题所展开的研究,亦是在渊源流变这一问题意识的启发下展开的。笔者围绕中国共产党土地革命进程中的查阶级这一组织动员机制的渊源流变进行了考察。简单来说,土地革命的历史进程,是革命政党以查阶级这一组织动员技术为核心展开的重新划分土地、界定个体的社会身份并塑造新的社会结构的历史过程。那么,查阶级的组织动员方式究竟从何而来?进而,在查阶级这一核心组织机制中,依赖量化标准的算阶级和依靠仪式性斗争的闹阶级在查阶级

---

① 应星:《苏区地方干部、红色武装与组织形态——东固根据地与延福根据地的对比研究》,《开放时代》2015年第6期。
② 应星:《1930—1931年主力红军整编的源起、规划与实践》,《近代史研究》2018年第2期。
③ 应星:《从"地方军事化"到"军事地方化"——以红四军"伴着发展"战略的渊源流变为中心》,《开放时代》2018年第5期。

这一组织动员机制中并存,那么,查阶级本身是一种怎样的实践形态?在这一组织动员技术不断演化和实践的过程中,有哪些革命干部起到了关键的作用?在具体的实践场景中,何种社会历史条件造就了查阶级这样一种传统?由此,笔者首先通过对以王观澜为代表的,强调按照客观标准进行计算的土地革命中的技术官僚的考察,勾勒出量化阶级标准被纳入查阶级组织动员技术的社会过程;进而,通过对以彭湃为代表的,强调仪式性动员的土地革命中的宣传鼓动干部的考察,揭示了以激发群众主观斗争情绪为主的动员方式的历史源头及其汇入查阶级这一组织技术过程中的种种流变。在上述基础上,笔者以苏区时期毛泽东农村调查为研究对象,讨论了调查研究这一重要的工作方式与组织技术究竟是如何在复杂与紧张的战争与政治形势下具体生成的,并揭示了这一组织动员技术的社会思潮史渊源。

以上所讨论的以"制度源流"为核心问题意识的研究,其一是一种问题意识层面的开拓性尝试,即对二战以来美国比较历史分析研究传统的突破,其二是以"制度源流"为问题意识对现代中国社会转型与社会革命展开重新提问,其三是对古典时期经典社会科学理论的一次"重返"。

由此,上述关于渊源的研究较之以往有着更为不同的问题意识——它们的研究议题并非传统社会学研究所关心的研究对象,其研究的具体表达方式也并非宏观比较历史分析传统下的变量归纳或理论修正,而是以一个个看似孤立的实证研究呈现出来。但是在这些个案研究的背后,实质上蕴含着文明的发生学与渊源流变的问题观照。

三、源流研究的方法取向：社科路径与史学方法

前文所述的两种取向的历史社会学研究，在具体的研究路径与方法取向上也呈现出一定的差异。赵鼎新指出，历史社会学研究在研究材料的选取上并不一定选择包括档案文献等在内的一手资料和原始史料，这是因为作为社会学分支学科的历史社会学研究，其核心目的在于理论模型的修正与创新。尽管赵鼎新强调历史社会学研究的真谛在于将历史学的时间序列叙事和社会学的结构/机制叙事进行结合从而获得更为优化的经验叙事方法[1]，但其实质仍是以理论模型为核心旨归的一种叙事模式。赵鼎新就在其有关儒法国家的框架下，以绩效正当性为核心概念展开了研究，并提供了关于中国早期国家形态的一种独特的理论历史叙事。[2]

与之相对应的是，另外一种取向的研究者们在具体的研究方法上，则更强调对一手资料的深入分析。例如，在关于中国传统丧服制度与礼制秩序的研究中，研究者们通过对经学文本的原典解读展开研究，而在关于革命的历史社会学研究中，应星更是强调对原始资料的详细爬梳。[3] 与之前赵鼎新等人的方法取向相对应，应星等人的研究更注重将传统史学的研究方法纳入社会科学的实

---

[1] 赵鼎新：《什么是历史社会学？》，《中国政治学》2019 年第 2 辑。
[2] Zhao Dingxin, *The Confucian-Legalist State: A New Theory of Chinese History*, New York: Oxford University Press, 2015.
[3] 应星：《"地方革命历史文件汇集"的收集与利用——点滴体会》，《中共党史研究》2018 年第 11 期。

证研究之中。上述两种方法取向,实无高下优劣之分,他们在方法路径上的选择,一方面与自身的问题意识与研究范式有关,另一方面也和各自所汲取的研究传统有着内在关联。在本部分中,笔者将以源流研究为例,讨论传统史学的研究方法在社会科学研究中的应用。

一般认为,陈寅恪之所以成为近现代以来我国人文社会科学研究领域的高峰,除了其有着关于文明渊源的总体关怀之外,还因为其有着精妙的考证功夫,而这本是历史学的基本研究方法。然而需要注意的是,陈怀宇指出,陈寅恪在游学欧美期间,受到了当时包括历史学、社会学等在内的西方人文社会科学的影响,特别是受到了赫尔德历史主义的影响。[1] 因而,陈寅恪的史学研究方法,又和社会科学的某些研究路径有着隐秘的关联。王永兴曾经将陈寅恪的史学研究方法概括为如下四种:其一,对以司马光为代表的宋代史家长编考异之法的继承与发展;其二,时间、地理、人事之法;其三,总汇贯通之法;其四,神游冥想真了解之法。[2] 我们将围绕上述方法,以近来的具体实证研究为例,讨论上述方法在社会科学研究中的启发意义。

首先,所谓长编考异之法,是指"广搜群籍,左右采获"进而"求真实,供鉴戒"的历史长编法。[3] 简单来说,就是围绕某一问题,按照时间线索,广泛搜集典章制度、档案文献、忆述材料、人物传记等

---

[1] 陈怀宇:《陈寅恪与赫尔德——以了解之同情为中心》,《清华大学学报》(哲学社会科学版)2006 年第 4 期。
[2] 王永兴:《陈寅恪先生史学述略稿》,北京大学出版社 1998 年版,第 67—141 页。
[3] 王永兴:《陈寅恪先生史学述略稿》,北京大学出版社 1998 年版,第 109—111 页。

多种类型的史料,按照时间线索将各种类型史料中关于某一主题词的相关表述摘抄下来形成大事记,并对关于同一事件的不同表述进行考证,确定何种表述更可能符合当时的真实历史情境。当历史长编建立起来之后,就可以识别出在渊源流变过程中的诸多历史节点。例如,在陈寅恪关于隋唐府兵制的讨论中,他敏锐地指出了府兵制制度流变的诸多历史节点:其渊源来自北朝西魏时期的鲜卑部落兵制,至西魏北周之时在当时胡族政权的汉化政策下开始逐渐吸收汉族百姓充任府兵,将过去的鲜卑贵族部落军制改为胡汉交融的平民兵制;到隋唐时期,府兵制已经是高度汉化的兵制而渐渐失去其战斗力,唐太宗试图重振府兵,但终因该制度已失去其存在的社会基础而只能勉力维持,终至玄宗时期被废止。[1]这样一种对制度节点的识别对我们今天的社会科学研究有着重要的意义。笔者围绕中国共产党的查阶级这一政治传统的渊源问题展开分析,在建立起自身研究工作的资料地图之后[2],开始围绕土地革命的组织动员机制进行大事编年的整理与分析,进而,一个有趣的历史现象呈现出来:在1927—1934年这段时间内,在中央苏

---

[1] 陈寅恪:《隋唐制度渊源略论稿·唐代政治史述论稿》,生活·读书·新知三联书店2015年版。
[2] 这一工作即是广搜群籍的工作。实际上,这一过程也是研究者在围绕自己的研究问题建立自身资料库的田野工作过程。以笔者所熟悉的革命史研究来讲,诸种类型的历史资料都有自身的生产机制。在时间上,党史史料曾有过多次大规模的征集、编纂工作。而包括党史办、政协、工青妇等在内的不同类型的机构又会生产不同门类的史料(比如如果要了解工人运动的史料,那么工会系统往往是不可错过的史料生产机构)。这一工作也在帮助研究者建立起基本的图谱,它可以帮助我清晰地确定自己究竟要去哪里找寻材料。比如地方志和谱牒材料的编纂与存放都有何种特点,重要人物的材料如年谱、回忆录等的生产又要去哪里找寻;再比如档案文件材料的生产与编纂分别集中在哪些时期和哪些机构。

区范围内的土地革命实践中,分田地的具体流程变得越来越复杂与程序化。最初只是停留在概念层面的阶级开始有了具体的量化标准并不断细化;与之同时呈现出来的是,自1933年查田运动始,赣南闽西地区在推行量化阶级标准的同时,各地方也存在着各种脱离量化标准的闹革命的群众性革命动员。由此,笔者确立了构成查阶级这一政治传统在中央苏区时期发育起来的诸历史节点,即朱毛红军在1927—1934年开创中央苏区革命根据地的过程中的四次重要土地革命实践:宁冈分田、赣西南第一次分田、赣西南第二次分田和查田运动,进而围绕构成制度节点的重要事件及在其中起到重要作用的历史人物展开了深入分析。[1]

其次,所谓时间、地理、人事之法,是指在进行历史长编工作的过程中,要将事件发生的时间、地点与涉及的重要人物这三重要素都记录下来,从而有助于我们理解事件本身的社会过程。例如,陈寅恪在对科举制的分析中就指出,该制度尽管起于隋唐,但直到武则天主政时期才成为当时全国最为主要的选官制度。在这一制度变化节点上,他进一步考察了其兴起背后的地理与人事要素。简单来说,武则天之前唐代政治的核心乃是在关中本位政策之下所形成的关陇集团[2],而这一集团又和出身山东的武则天形成对峙之势,因此,武则天通过拔擢科举制来巩固自己的政治地位。陈寅恪这样一种对制度流变的洞见,恰恰是通过对时间、地理与人事的

---

[1] 孟庆延:《社会学视野下的中共制度史研究——理论传统与"问题意识"》,《中共党史研究》2019年第1期。
[2] 参见陈寅恪:《隋唐制度渊源略论稿·唐代政治史述论稿》,生活·读书·新知三联书店2015年版,第202—203页。

细致爬梳来完成的。因为在关陇这一地理区域的背后,实质上是陈寅恪对该地域所形成的人的精神气质的理解;该地区所形成的胡汉杂糅的关陇集团,呈现出重武轻文的具体状态。[①] 这样一种对时间、地理与人物三重要素的把握,对以历史文本为核心的社会科学研究亦有着启发意义。在对查阶级展开的考察中,笔者在通过大事编年识别出该政治传统形成变化的重要节点的四次分田之后,进一步发现查阶级这一政治传统的每次变化,都和赣南闽西这一地理区域内所存在的宗族分化和土客分野有着密切关联;同时,毛泽东、邓子恢和王观澜等关键历史人物的具体实践又在其中起到了非常重要的作用。正是在这样的理解之下,笔者才勾勒出查阶级政治传统在生成过程中的诸多社会历史条件。

再次,所谓总汇贯通之法,是指在完成前述研究的整理工作之后,将构成制度流变的诸多要素统合起来展开阐释。在陈寅恪对隋唐政治与制度演进的分析中,他一方面非常注重在胡汉交融之下对作为民族本位的文化的宏观影响,另一方面还关注胡汉之间的政治情势变化对隋唐政权的中观冲击,即他所谓的"外族盛衰之连环性",同时亦关注构成制度变化节点的关键事件的具体社会过程。正是在这样的分析框架下,他勾勒出唐代政治与制度生成的总体历史局面。[①] 这样一种总汇贯通的分析方式实质上和社会科

[①] 所谓关陇本位政策,是指南北朝时期宇文氏建立北周之后所实行的一种聚集全国之武力于此西北一隅之地以宰制全国的政策。此政策形成了一个超越单纯种族与地域的关陇集团,其中李唐皇室(包括唐太宗)和主要的唐朝武将都出身于这一社会集团。参见陈寅恪:《隋唐制度渊源略论稿·唐代政治史述论稿》,生活·读书·新知三联书店2015年版,第156—157页。

[①] 参见陈寅恪:《隋唐制度渊源略论稿·唐代政治史述论稿》,生活·读书·新知三联书店2015年版,第156—157页。

学的事件史分析有着内在的一致性。例如,马克思在对路易·波拿巴政变的分析中,便是通过对宏观结构发展、中观政治情势易变和微观事件过程演进的三重分析,精妙地以事件史的方式剖析了雾月政变的三重机制。① 由此,笔者将这样一种分析路径应用于关于查阶级的分析之中就发现,这一政治传统的发生学过程,既在意识形态层面受到了作为革命政党的中国共产党对社会性质与革命性质判断的影响,又和当时复杂的政治斗争情势密切相关,而当这一组织动员机制落实到土地革命实践中转变为具体政策时,阶级这一分类方式又同原有地域社会中的以宗族和土客为主的社会分化机制产生了张力。不唯如此,正是由于彭湃、王观澜和毛泽东等具有不同精神气质与革命智慧的重要担纲者的具体实践,也才有了查阶级这一组织动员方式的真正推行,也才开启了社会革命的历史进程。由此,这一研究从意识形态—政治局势—地方社会担纲者的精神气质的复合型分析框架入手,对苏区时期土地革命进行了统合分析,并对查阶级的渊源流变这一问题意识做了初步回应。

最后,在陈寅恪的史学研究中,所谓神游冥想真了解之法与其说是研究方法,不如说是总体理念。用他自己的话说,神游冥想真了解即了解之同情。陈怀宇指出这一说法有其西学源流,即赫尔德的历史主义传统。② 陈寅恪通过前述研究方法,努力还原具体

---

① 卡尔·马克思:《路易·波拿巴的雾月十八日》,人民出版社 2001 年版;卡尔·马克思:《1848 年至 1850 年的法兰西阶级斗争》,人民出版社 2015 年版。
② 陈怀宇:《陈寅恪与赫尔德——以了解之同情为中心》,《清华大学学报》(哲学社会科学版)2006 年第 4 期。

的历史情境,并以此为基础理解关键人物(担纲者)的行动逻辑及其理念。这一研究理念,既和今天社会科学研究中强调对在具体意义情境下社会行动的意义体系予以充分考察有着密切关系[①],又同当前社会科学质性研究中常用的田野工作方法有着内在的一致性。综上,以了解之同情为研究理念、以一系列操作步骤为方法路径的经典传统,早已超越历史学这一学科边界,它不仅和以韦伯、马克思为代表的历史社会学古典传统存在着内在关联,亦对我们今天将历史维度重新纳入社会学研究视野有着重要的启发意义。

四、制度源流的历史社会学研究: 社会学本土化的一种可能

社会学这样一门学问从其诞生之初,便是以关乎时代命运与文明巨变的现代性问题为其核心问题意识的。它并非以某一专门而特殊的研究对象(比如社会)作为自身的学科边界,也并不以某种独门绝技般的研究方法作为自身的身份标识。正是因为有了这样的学术史起点,今天的社会学才会呈现出广博和专业的双重面相。说其广博,乃是因为包括政治结构、社会治理、国家形态、宗教现象、经济行为、文化价值、伦理形态等等都是社会学研究与考察的对象;言其专业,是因为今天的社会学在漫长的发展演化过程

---

① 罗祎楠:《思想史视野中的质性研究——以方法意涵的构建为例》,《社会》2019年第1期。

中,已经渐渐形成了由社会学理论、社会学方法和诸多分支社会学所构成的学科体制;因此,历史社会学在二战后的发展并不意味着这是一门年轻的学问——因为它本是社会学在孕育之时蕴含的内在属性。

在社会学这一学科专业化与本土化的过程中,既有西方社会学理论与方法的不断输入与滋养,亦有一代又一代面向本土历史与文明的社会学家的探索与实践。历史社会学作为一门开放而包容的学问,在这样的过程中更应该一方面不断吸纳与深化历史社会学的西学传统,另一方面不断扩展自身的理论视野,从而发掘更多可资借鉴的理论资源。

因此,陈寅恪研究内在蕴含的关于文明渊源的问题意识,对我们今天社会科学研究中的个案研究有何总体意义充满了启发;而他在溯其渊源、察其流变的问题意识下,通过识别制度节点把握源流,通过对重要事件的多重分析理解流变的内在逻辑,通过对担纲者的思想倾向认识理念形态,从而勾勒出处在民族融合、思想交汇、文明碰撞中的中华文明得以衍生发展的总体历史局面,无论是在理论传统和问题意识层面,抑或是在研究议题与方法路径上,都为我们今天的历史社会学研究提供了宝贵的思想资源。也正是在这样的理论资源和问题意识的指引下,笔者才尝试从制度源流的角度,重新开启了对作为人文社会科学研究领域焦点议题的土地革命的研究。

参考文献

埃马纽埃尔·勒华拉杜里:《蒙塔尤》,许明龙、马胜利译,商务印书馆 2007 年版。

巴林顿·摩尔:《专制与民主的社会起源:现代世界形成过程中的地主和农民》,王茁、顾洁译,上海译文出版社 2013 年版。

保尔·汤普逊:《过去的声音:口述史》,覃方明、渠东、张旅平译,辽宁教育出版社 2000 年版。

本杰明·史华慈:《中国的共产主义与毛泽东的崛起》,陈玮译,中国人民大学出版社 2006 年版。

布罗代尔:《地中海与菲利普二世时代的地中海世界》,唐家龙等译,商务印书馆 2013 年版。

布罗代尔:《论历史》,刘北成、周立红译,北京大学出版社 2008 年版。

陈翰笙:《解放前的地主与农民:华南农村危机研究》,冯峰译,中国社会科学出版社 1984 年版。

陈翰笙:《四个时代的我》,中国文史出版社 1988 年版。

陈流求等:《也同欢乐也同愁:忆父亲陈寅恪母亲唐篔》,生活·读书·新知三联书店 2010 年版。

陈寅恪:《陈寅恪魏晋南北朝史讲演录》,万绳楠整理,贵州人民出版社 2007 年版。

陈寅恪:《寒柳堂集》,生活·读书·新知三联书店 2015 年版。

陈寅恪:《讲义及杂稿》,生活·读书·新知三联书店 2015 年版。

陈寅恪:《金明馆丛稿初编》,上海古籍出版社 1980 年版。

陈寅恪:《金明馆丛稿初编》,生活·读书·新知三联书店 2015 年版。

陈寅恪:《金明馆丛稿二编》,生活·读书·新知三联书店 2015 年版。

陈寅恪:《诗集.附唐篔诗存》,生活·读书·新知三联书店 2015 年版。

陈寅恪:《隋唐制度渊源略论稿》,生活·读书·新知三联书店 2009 年版。

陈寅恪:《隋唐制度渊源略论稿·唐代政治史述论稿》,生活·读书·新知三联书店 2015 年版。

陈寅恪:《唐代政治史述论稿》,生活·读书·新知三联书店 2009 年版。

陈寅恪:《元白诗笺证稿》,生活·读书·新知三联书店 2015 年版。

丹尼斯·史密斯:《埃利亚斯与现代社会理论》,李康译,北京大学出版社 2011 年版。

丹尼斯·史密斯:《历史社会学的兴起》,周辉荣等译,上海人民出版社 2000 年版。

费孝通:《费孝通全集》第 16 卷,内蒙古人民出版社 2009 年版。

冯·哈耶克:《个人主义与经济秩序》,邓正来译,生活·读书·新知三联书店 2003 年版。

冯钢编:《社会学基础文献选读》,浙江大学出版社 2008 年版。

傅衣凌:《傅衣凌治史五十年文编》,中华书局 2007 年版。

傅衣凌:《明清社会经济史论文集》,中华书局 2008 年版。

韩丁:《翻身:中国一个村庄的革命纪实》,韩倞等译,北京出版社 1980 年版。

景军:《神堂记忆:一个中国乡村的历史、权力与道德》,吴飞译,福建教育出版社 2013 年版。

卡尔·马克思:《1848 年至 1850 年的法兰西阶级斗争》,人民出版社 2015 年版。

卡尔·马克思:《路易·波拿巴的雾月十八日》,人民出版社 2001 年版。

柯文:《在中国发现历史:中国中心观在美国的兴起》,林同奇译,中华书局 2007 年版。

克里斯·希林:《身体与社会理论》,李康译,北京大学出版社 2010 年版。

莱因哈特·本迪克斯:《马克斯·韦伯思想肖像》,刘北成译,上海人民出版社 2007 年版。

李洁:《生存逻辑与治理逻辑:安徽农村改革的先期探索》,社会科学文献出版社 2017 年版。

李猛:《马克斯·韦伯:法律与价值》,上海人民出版社 2001 年版。

理查德·拉克曼:《历史社会学概论》,赵莉妍译,商务印书馆 2017 年版。

刘俊文主编:《日本学者研究中国史论著选译》第 1 卷,黄约瑟译,中华书局 1992 年版。

刘少奇:《刘少奇选集》上卷,人民出版社 1981 年版。

马克·布洛赫:《封建社会》,张绪山译,商务印书馆 2004 年版。

马克·布洛赫:《国王神迹:英法王权所谓超自然性研究》,张绪山译,商务印书馆 2018 年版。

马克斯·韦伯:《古犹太教》,康乐、简惠美译,广西师范大学出版社 2010 年版。

马克斯·韦伯:《经济行动与社会团体》,康乐、简惠美译,广西师范大学出版社 2004 年版。

马克斯·韦伯:《经济与历史;支配的类型》,康乐等译,广西师范大学出版社 2004 年版。

马克斯·韦伯:《社会科学方法论》,韩水法译,中央编译出版社 1999 年版。

马克斯·韦伯:《社会学的基本概念》,顾忠华译,广西师范大学出版社 2005 年版。

马克斯·韦伯:《新教伦理与资本主义精神》,于晓、陈维刚等译,生活·读书·新知三联书店 1987 年版。

马克斯·韦伯:《印度的宗教:印度教与佛教》,康乐、简惠美译,广西师范大学出版社 2010 年版。

马克斯·韦伯:《中国的宗教:儒教与道教》,康乐、简惠美译,广西师范大学出版社 2010 年版。

马克斯·韦伯:《中国的宗教;宗教与世界》,康乐、简惠美译,广西师范大学出版社 2004 年版。

马歇尔·莫斯:《社会学与人类学》,佘碧平译,上海译文出版社 2003 年版。

孟德斯鸠:《论法的精神》,张雁深译,商务印书馆 2009 年版。

米歇尔·福柯:《安全、领土与人口》,钱翰、陈晓径译,上海人民出版社 2018 年版。

米歇尔·福柯:《疯癫与文明:理性时代的疯癫史》,刘北成、杨远婴译,生活·读书·新知三联书店 2003 年版。

米歇尔·福柯:《福柯文选》第 2 卷,汪民安编,北京大学出版社 2016 年版。

米歇尔·福柯:《福柯文选》第 3 卷,汪民安编,北京大学出版社 2016 年版。

米歇尔·福柯:《规训与惩罚:监狱的诞生》,刘北成、杨远婴译,生活·读书·新知三联书店 2003 年版。

米歇尔·福柯:《性经验史》,佘碧平译,上海人民出版社 2005 年版。

莫里斯·哈布瓦赫:《论集体记忆》,毕然、郭金华译,上海人民出版社 2002 年版。

莫里斯·迈斯纳:《马克思主义、毛泽东主义与乌托邦主义》,张宁等译,中国人民大学出版社 2004 年版。

诺贝特·埃利亚斯:《莫扎特的成败:社会学视野下的音乐天才》,米歇尔·史洛德编,吕爱华译,广西师范大学出版社 2006 年版。

诺贝特·埃利亚斯:《文明的进程:文明的社会起源和心理起源的研究》,王佩莉、袁志英译,上海译文出版社 2009 年版。

瞿同祖:《清代地方政府》,范忠信等译,法律出版社 2011 年版。

赛尔登:《革命中的中国:延安道路》,魏晓明、冯崇义译,社会科学文献出版社 2002 年版。

施路赫特:《理性化与官僚化》,顾忠华译,广西师范大学出版社 2004 年版。

施耐德:《真理与历史:傅斯年、陈寅恪的史学思想与民族认同》,关山、李貌华译,社会科学文献出版社 2008 年版。

史蒂文·卢克斯:《个人主义》,阎克文译,江苏人民出版社 2001 年版。

宋德熹:《陈寅恪中古史学探研:以〈隋唐制度渊源略论稿〉为例》,稻乡出版社 1999 年版。

苏国勋:《理性化及其限制:韦伯思想引论》,上海人民出版社 1988 年版。

孙立平:《现代化与社会转型》,北京大学出版社 2005 年版。

涂尔干:《社会分工论》,渠东译,生活·读书·新知三联书店 2000 年版。

涂尔干:《社会学方法的准则》,狄玉明译,商务印书馆 2003 年版。

涂尔干:《自杀论》,冯韵文译,商务印书馆 2009 年版。

涂尔干:《宗教生活的基本形式》,渠东、汲喆译,商务印书馆 2011 年版。

托克维尔:《论美国的民主》,董果良译,商务印书馆 2013 年版。

汪荣祖:《史家陈寅恪传》,北京大学出版社 2005 年版。

王永兴:《陈寅恪先生史学述略稿》,北京大学出版社 1998 年版。

魏斐德:《历史与意志:毛泽东思想的哲学透视》,李君如等译,中国人民大学出版社 2005 年版。

魏特夫:《东方专制主义:对于极权力量的比较研究》,徐式谷等译,中国社会科学出版社 1989 年版。

温乐群、黄冬娅:《二三十年代中国社会性质和社会史论战》,百花洲文艺出版社 2004 年版。

温锐、谢建社:《中央苏区土地革命研究》,南开大学出版社 1991 年版。

西达·斯考切波:《国家与社会革命:对法国、俄国和中国的比较分析》,何俊志、王学东译,上海人民出版社 2007 年版。

西达·斯考切波编:《历史社会学的视野与方法》,封积文等译,上海人民出版社 2007 年版。

小威廉·H. 休厄尔:《历史的逻辑:社会理论与社会转型》,朱联璧、费滢译,上海人民出版社 2012 年版。

阎步克:《从爵本位到官本位:秦汉官僚品位结构研究》,生活·读书·新知三联书店 2009 年版。

阎步克:《品位与职位:秦汉魏晋南北朝官阶制度研究》,中华书局 2002 年版。

阎步克:《中国古代官阶制度引论》,北京大学出版社 2010 年版。

杨奎松:《开卷有疑:中国现代史读书札记》,江西人民出版社 2009 年版。

应星:《村庄审判史中的道德与政治:1951—1976 年中国西南一个山村的故事》,知识产权出版社 2009 年版。

余英时:《陈寅恪晚年诗文释证》,东大图书股份有限公司 1998 年版。

俞大维等:《谈陈寅恪》,传记文学出版社 1970 年版。

约翰·洛克:《政府论》上卷,瞿菊农译,商务印书馆 2011 年版。

约翰·洛克:《政府论》下卷,瞿菊农译,商务印书馆 2011 年版。

詹姆斯·米勒:《福柯的生死爱欲》,高毅译,上海人民出版社 2005 年版。

赵鼎新:《国家、战争与历史发展:前现代中西模式的比较》,浙江大学出版社 2015 年版。

《中国的土地改革》编辑部等编:《中国土地改革史料选编》,国防大学出版社 1988 年版。

中国社会科学院经济研究所中国现代经济史组编:《第一、二次国内革命战争时期土地斗争史料选编》,人民出版社 1981 年版。

中国社会科学院社会学研究所编:《中国社会学》第 2 卷,上海人民出版社 2003 年版。

周雪光:《中国国家治理的制度逻辑》,生活·读书·新知三联书店 2017 年版。

A. Doak Barnett, *Communist China and Asia: Challenge to American Policy*, New York: Harper, 1960.

Charles B. McLane, *Soviet Policy and the Chinese Communists, 1931—1946*, New York: Columbia University Press, 1958.

Charles Tilly, *The Formation of National States in Western Europe*, Princeton: Princeton University Press, 1975.

David Goodman, *Social and Political Change in Revolutionary: The Taihang Base Area in the War of Resistance to Japan, 1937—1945*, Lanham: Littlefield Publishers, 2000.

Joseph W. Esherick, Backus Rankins eds. , *Chinese Local Elites and Partterns of Dominace*, Taipei: SMC Publishing Inc. , 1990.

Philip C. Huang et al. eds. , *Chinese Communists and Rural Society, 1927—1934*, Berkeley: University of California Press, 1978.

Robert Elias, John L. Scotson, *The Estanblished and the Outsiders*, Dublin: University College Dublin Press, 2008.

Robert Elias, *The Court Society*, Oxford: Basil Blackwell Publisher Limited, 1983.

Robert Elias, *The Germans: Power Struggles and the Development of Habitus in the Nineteenth and Twentieth Centuries*, New York: Columbia University Press, 1996.

Robert Elias, *What Is Sociology?* London: Hutchinson, 1978.

Zhao Dingxin, *The Confucian-Legalist State: A New Theory of Chinese History*, New York: Oxford University Press, 2015.

后　记

　　2003年，当我拿到录取通知书得知自己被南京大学社会学系录取的时候，我还完全不知道社会学为何物。但我依然记得在开学典礼后的新生班会上，当时担任南京大学社会学系副系主任的贺晓星老师曾经这样问我们："你们班有多少人第一志愿选择社会学？"在场的38个人里有3位同学举起了自己的手。紧接着，贺老师说道："我要恭喜剩下的35位同学，因为不是你们选择了社会学，是社会学选择了你们！""天命"之下，我渐渐打消了转专业的念头，一路从南京大学到中国政法大学再到清华大学，我一直都在社会学这个专业领域内阅读、行走、思考、写作。现在回想起来，一直待在社会学这个行当里没有转行，也是一种历史的耦合，而且和历史社会学在自己的生命世界中被发现有着密切的关联。

　　2006年，当时还在南京大学念本科三年级的我参加了由周晓虹教授主持的"中国名村调查"，被分到了南泥湾的调查小队，跟随周海燕老师和其他同学一起去陕西调研。我们原本要对历史名村的现状展开研究，但是却被南泥湾的历史深深吸引住了。由此，我便走上了历史社会学这条"不归路"。我的本科论文，便是通过对口述史资料与档案文献资料的搜集，对南泥湾大生产运动的集体记忆形塑机制展开的研究。这一研究今天看来尽管非常稚嫩，但是我却在整个阅读、研究和写作过程中接触到了历史社会学，接触到了哈布瓦赫、福柯和埃利亚斯的理论，也接触到了孙立平、郭于华、应星等诸位老师所开创的口述史研究传统。这些有趣而深刻的研究深深吸引着我，使我在本科毕业后义无反顾地来到中国政法大学师从应星教授攻读硕士学位。政法大学的社会学研究生培养，有着鲜明的风格，即高度重视经典社会理论的阅读，同时又高度强调深入的田野调查。法大的社会学硕士研究生生涯一共三年课程，其中经典社会学理论就要占据一整个学年。这门课没有教材，而是要求阅读马克思、韦伯、涂尔干、托克维尔、福柯等人的经典原著。对经典思想的阅读，为我们这些学生打下了最为坚实的理论基础。而当时赵丙祥教授开设的民族志与田野调查课程，则是一方面要求学生阅读经典民族志研究，一方面通过对民族志本身的"深描"来理解田野工作的"方法"。更为"致命"的是，政法大学的社会学研究生教育一直秉持着小而精的特点，我们当时的在读研究生一共只有五个人，因而我们根本就没有偷懒或者"搭便车"的机会。每位老师都会在课堂上仔细讲评学生上周所写的读书报告，并对学生展开"无情"的追问。现在想来，每周两三本经典文献、两三篇读书报告尽管曾经让当年的我们叫苦不迭，却给了我们获益至今的滋养。我的硕士论文，便是按照口述史研究的方式，重新讨论华北西村农业合作化运动的社会历史进程。尽管这篇学位论文并不成功，但是它却成为我规范性学术研究的一次重要训练。

硕士毕业后，我有幸到清华大学社会学系跟随郭于华教授读博士学位。在博士论文选题的时候，我面对着一个令人纠结的选择。之所以会有这样的纠结,主要是因为在阅读整理一系列相关文献以及自己从事口述史研究的时候,会陷入某种解释的困境之中。我发现包括口述史在内的有关革命史相关问题的研究,无论是海外中国研究抑或地方精英论下的地方史研究,都很容易陷入权力-利益的叙述模式中去。简单来说,讲述一个故事似乎并不困难,但是大多数故事似乎都逃脱不了乡村精英的争权夺利这一套路。难道我们对历史,对深处历史中的人与事的理解,只能到此一层吗?常言道,于细微处见精神,为什么当研究越发强调实证、强调深入地方之后,于细微处却见不到精神了呢?

韦伯曾说:"直接支配人类行为的是物质上与精神上的利益(interest),而不是理念(idea)。但是由'理念'所创造出来的'世界图像',常如铁道上的转辙器,决定了轨道的方向。"在这个意义上,我们理解革命以及革命中的人与物的时候,为什么演变成了简单的利害(interest)之争呢?是我们的理解方式出现了问题,抑或我们的提问方式出现了问题?进而,在权力和利益背后蕴含的,又是怎样的理念与社会机理呢?

产生这些困惑的时间,正是我攻读博士学位的第一年。虽然当时已经确定要继续对共产主义文明进行社会学的研究,但是心中的这个疑问却困扰着我,使我迟迟未确定具体论文选题。也正是在这一年,应星老师计划开启一项新的历史社会学研究,这项研究计划的总体问题意识即在社会学的意义上去理解共产党政治文化的"源"与"流"。这个研究计划并非以传统美国社会科学范式中的比较历史分析来展开,而是希望可以在翔实史料的基础上,在政治文化流变这一总体问题意识之下,融合政治史与社会史的视野,从具体的社会环境与历史进程中理解革命及其效果。

再长的里程也需要从第一步开始,应星和方慧容老师为此在政法大学研究生中组织的几次以陈寅恪为主的古代史专题研读,恰恰带给了我第一步启发。彼时是我第一次接触陈寅恪的著作,尽管读起来比较吃力,但在研读过程中,陈寅恪著述中对制度源流的考察,对某一历史人物及其背后社会阶级意义上的分析理路,以及基于地域社会史对人物精神气质的理解与呈现,对我来说都具有很强的启发意义。随着阅读的深入以及与诸位老师的不断讨论,我开始萌生了这样一个念头:口述史研究的小传统以福柯的权力理论为其底色,重点观照的乃是共产主义文明的机制与逻辑,因而其整个研究的关注要点在于权力(这里的权力同时含有李猛老师所说的日常生活中的权力技术这一重要意涵)的运作过程及其产生的历史效果,但是这仅仅是理解共产主义文明的一个维度;另外的问题还在于,这些包括诉苦等在内的一系列被作为权力技术加以理解的组织动员方式,究竟是怎样发明出来的?换言之,我想尝试以某一组织动员方式为例,对其进行溯其渊源、察其流变的研究工作,这也构成了我博士论文阶段最为关切的问题意识。这样一种学术研究工作,实际上也是自己与不确定性相处的过程,因为没有人知道这个博士论文会写成什么样子。直到博士论文完成后的很多年,我才开始真正有意识地系统反思和整理自己博士论文写作背后的理论底色,也就是这本书稿中呈现出来的内容。

历史当然不是完全由偶然所构成的,但是学术研究总是希望可以呈现出某些必然的规律并以此理解历史。然而在我看来,历史尽管不是偶然的,但很多时候却是多重耦合的结果,无论是自己做的研究,还是自己的求学经历,皆是如此。

今天这样一本并不成熟的习作的完成过程,同样也是诸多人和事在历史时空中耦合的结果。我要感谢我的老师们,应星教授和郭于华教授对我一直以来的教诲。我要感谢在自己的硕士和博士阶段,渠敬东教授主持的黑格尔读书小组的每一位师友,当年每个周六的下午,在清华熊楼读书的纯粹而欢乐的时光。我们一起读书,一起畅谈,一起排演话剧,那些温暖而从容的时光给了我们这一代青年学子最大的给养。我要感谢已经坚持十余年的革命史和历史社会学读书小组,整个历史社会学读书小组在十年间一起走过了钱穆,走过了洛克,走过了麦克弗森,走过了伍德,也走过了陈寅恪。这些经典著作,连同每次读书会上我们对各自研究的严肃批评,以及每次读书会之后大家一起去政法研院小南门喝酒谈天,都已经成了我们日常生活的一部分,共同书写着共同体的历史。最后,还要感谢我的家人和朋友,我的父母、妻子和身边的朋友,在十余年的时间里,一直给予我最大的支持,没有他们,就没有现在的我。

记得以前读书的时候,曾有学生问应星老师:"老师,社会学学下去有前途吗?"我的老师回答说:"你真的热爱社会学吗?如果你真的热爱社会学,那社会学会爱你的。"这句话一直印刻在我的记忆中,我想,这就是韦伯意义上的"志业"吧。我一直觉得自己是个幸运儿,就是因为从求学到工作的全部历程中,我身边的师友不断让我体会到:我究竟身处在什么样的共同体之中? 这个共同体,又有着怎样的风骨和气质? 这是最值得珍视的东西,它不是什么所谓的"财富",而是全部。

一切过往,皆为序章。所有过往的汇聚和时光的铭刻,最终刻画着我们的样子。也正是在这个意义上,共同体中的每个人,才会在历史的河流中共同前行。

无以为报,是为谢。

孟庆延

2021 年 12 月 30 日

图书在版编目(CIP)数据

源流:历史社会学的思想谱系/孟庆延著.—北京:商务印书馆,2022.6（2023.7重印）
（历史社会学文库）
ISBN 978-7-100-20963-2

Ⅰ.①源… Ⅱ.①孟… Ⅲ.①历史社会学—研究 Ⅳ.①K03

中国版本图书馆CIP数据核字（2022）第051493号

权利保留，侵权必究。

历史社会学文库
源流
历史社会学的思想谱系
孟庆延　著

商 务 印 书 馆 出 版
（北京王府井大街36号　邮政编码100710）
商 务 印 书 馆 发 行
南京新洲印刷有限公司印刷
ISBN 978-7-100-20963-2

2022年6月第1版　　开本 889×1194 1/32
2023年7月第2次印刷　印张 7¼
定价：45.00元